Emil Lucka
Torquemada und die spanische Inquisition

AF125520

SEVERUS Verlag

Lucka, Emil: Torquemada und die spanische Inquisition. Mit 27 Abbildungen. 2021
Neuauflage der Ausgabe von 1926
ISBN: 978-3-96345-351-9

Korrektorat: Ina Cordes, Michaela Wilken
Satz: Judith Hanke
Ergänzendes Vorwort: Ina Cordes (© SEVERUS Verlag)

Umschlaggestaltung: Annelie Lamers, SEVERUS Verlag
Umschlagmotiv: pixabay.com

Bibliografische Information der Deutschen Nationalbibliothek: Die Deutsche Nationalbibliothek verzeichnet diese Publikation in der Deutschen Nationalbibliografie; detaillierte bibliografische Daten sind im Internet über https://dnb.de abrufbar.

Der SEVERUS Verlag ist ein Imprint der Bedey & Thoms Media GmbH, Hermannstal 119k, 22119 Hamburg
_____
SEVERUS Verlag, 2021
http://www.severus-verlag.de
Gedruckt in Deutschland

Emil Lucka

Torquemada und die spanische Inquisition

Mit 27 Abbildungen

Editorische Notiz:
Der Text der vorliegenden Edition beruht auf der Ausgabe:
Emil Lucka: Torquemada und die spanische Inquisition. Mit 27 Abbildungen. Verlag Karl König, Wien 1926. Die Orthographie wurde behutsam modernisiert, grammatikalische Eigenheiten bleiben gewahrt. Die Interpunktion folgt der Druckvorlage. Der Inhalt ist im historischen Kontext zu lesen.

Inhalt

Vorwort des Verlags

Die Inquisition ist ein historischer Begriff, der starke Bilder hervorruft: fanatische Ketzerverfolgungen, Folterungen und der Tod zahlloser Unschuldiger. Es reicht jedoch nicht, bei den Schlagwörtern stehen zu bleiben. Um sich mit Geschichte auseinanderzusetzen, ist es wichtig, mit einem differenzierten Blick auf die Ereignisse zu schauen. Ereignisse sollten zuallererst in ihren Zeitrahmen, den damit verbundenen Vorstellungen und Umständen, verortet werden.

Einen ersten Versuch dafür unternimmt bereits Anfang des 20. Jahrhunderts der österreichische Schriftsteller Emil Lucka (1877–1941). Er reflektiert in dem vorliegenden Werk „Torquemada und die spanische Inquisition" (1925) die Besonderheit der spanischen Inquisition gegenüber ihrem Äquivalent in anderen Teilen Europas.

Der Begriff Inquisition umfasst kirchliche Institutionen, die gegen angebliche Irrlehren und Ketzerei im Mittelalter geschaffen wurden. Als Ketzer bezeichnete die katholische Kirche Männer und Frauen, die kirchliche Dogmen anzweifelten oder leugneten.

Die Wirksamkeit und der Einfluss der Inquisition ergaben sich nicht nur aus ihrer rasanten länderübergreifenden Ausbreitung, sondern auch aus ihrem langen Bestehen. 1231 ins Leben gerufen, endete sie in dieser Erscheinungsform erst über 600 Jahre später, im Jahr 1834. Wieso also wurde die Inquisition so erfolgreich und konnte sich über hunderte Jahre hinweg halten? Um diese Frage zu beantworten, sucht der Autor tief in der Menschheitsgeschichte nach Zusammenhängen, die der Inquisition erst den Boden bereiten konnten. Doch seine Suche beschränkt sich nicht ausschließlich auf die Inquisition. Viel mehr sucht er nach Gründen, wie eine einzige Idee die absolute Wahrheit für sich beanspruchen konnte. Lag es an der Leichtgläubigkeit der Menschen? Oder waren es die historischen Gegebenheiten? Mit Einflüssen aus der Philosophie und Geschichte entwickelt er ganz neuartige Überlegungen und versucht, diesen Fragen auf den Grund zu gehen.

Nicht nur in Spanien, sondern in ganz Europa wurden kirchliche Gerichtshöfe eingerichtet. Meist besetzt mit Angehörigen des Dominikanerordens, hatten diese nahezu uneingeschränkte Vollmachten und Handlungsspielräume, denn sie nahmen die Rolle des Anklägers, Verteidigers und Richters zugleich ein. Die Kirche setzte Inquisitoren ein, die von Stadt zu Stadt zogen, um mit Hilfe der Bevölkerung jegliche Form von Ketzerei aufzuspüren und zu vernichten. Bezichtigt werden konnte jeder, der in Verdacht stand, eine von den kirchlich-religiösen Glaubensgrundsätzen abweichende Lehre zu vertreten. Inquisitoren waren zudem dazu berechtigt, die Beschuldigten notfalls durch die Anwendung von Folter zum Geständnis zu zwingen. Ein Geständnis forderte die Bezichtigung von Mitwissern, die dann ebenfalls gnadenlos verfolgt wurden. Das führte zu einer schnellen Ausbreitung des Inquisitionsverfahren, zumal die oftmals verängstigten Beschuldigten nicht selten wahllos Namen nannten. Von der Vorgehensweise und den Methoden der Inquisitoren bis hin zum Prozess, den Foltermethoden und der Verurteilung berichtet Emil Lucka mit Hilfe detaillierter Beschreibungen und anhand einzelner Fallbeispiele.

Besonders grausame Ausmaße erreichte die Inquisition in Portugal, Frankreich und Spanien. Im Jahr 1480 erlaubte Papst Sixtus IV. dem spanischen Königspaar Isabella von Kastilien und Ferdinand von Aragon, in Spanien eine landesweite „inquisito" (lat. „Untersuchung") einzurichten. Diese Einrichtung der spanischen Inquisition war von anderer Art als die mittelalterliche Ketzerverfolgung. Mit der Berufung des Dominikanermönchs Thomas de Torquemada zum Großinquisitor schuf das spanische Königspaar eine neuartige Behörde, die das Bild Spaniens über Jahrhunderte hinweg prägen sollte.

Während in anderen Teilen Europas die Inquisition gegen alle Formen der Ketzerei vorging, richtete sich die spanische Inquisition hauptsächlich gegen ehemalige Juden und Muslime, die zum Christentum konvertiert waren. In Folge der spanischen Wiedereroberung der Iberischen Halbinsel hielt unter christlicher Führung insbesondere der wachsende Antisemitismus Einzug in Spanien. Viele Angehörige anderer Religionen standen damals vor der Entscheidung, das Land zu verlassen oder zum Christentum zu konvertieren. Trotzdem lebten weiterhin viele der offiziell Konvertierten im Geheimen ihren

Glauben weiter. Diesen Umstand machte sich das spanische Königshaus als Vorwand zu Nutze, um die systematische Auslöschung einer Bevölkerungsgruppe offiziell zu legitimieren und die inoffiziellen politischen Ziele zu verfolgen. Eine Mischung aus mittelalterlichem Ketzergericht und strenger staatlicher Behörde verfolgte die sogenannten „conversos".

Ein Mann schien besonders angetrieben von der Idee: Thomas de Torquemada war berüchtigt für seinen Hass gegenüber Juden. Angetrieben vom Wahn, die Reinheit des katholischen Glaubens wiederherzustellen, trieb der Dominikanermönch die spanische Inquisition entscheidend voran. Als Beichtvater der Königin Isabella konnte er sie von der Vorstellung überzeugen, Spanien vom „Irrglauben" zu befreien. Von ihr zum Großinquisitor ernannt, machte er „die spanische Inquisition zu dem [...], was sie dreihundert Jahre lang geblieben ist: zur Herrin des Landes" (Lucka). Abweichend von anderen historischen Vorstellungen seiner Zeit sieht Emil Lucka in Torquemadas Beeinflussung einen der wichtigsten Faktoren, die der spanischen Inquisition erst den Weg ebnen konnte. Von Lucka charakterisiert als gleichgültiger, brutaler und geisteskranker Fanatiker, scheinen Torquemadas Einfluss und Macht, die über seinen Tod hinauswirkten, ihn zugleich auch zu faszinieren. Der Autor sucht nach Erklärungsmustern für Torquemadas Besessenheit. Über Torquemadas Herkunft macht Lucka wenig Angaben, so scheint es für ihn umso wichtiger zu sein, den Fanatismus als Machtkonzept zu betrachten. Er sucht nach vergleichbaren Fanatikern in der gesamten Menschheitsgeschichte und stellt unter anderem Lenins Verbissenheit für den Kommunismus in einen direkten Vergleich.

In insgesamt sechs Kapiteln vermittelt uns Lucka einen umfassenden Überblick über die Geschichte, Wirksamkeit und Besonderheiten der spanischen Inquisition und bietet damit einen Einblick in die Geschichte des Christentums und Spaniens. Bereits in seinem selbst geschriebenen Vorwort macht er darauf aufmerksam, dass es stets sein Bemühen war, die Geschehnisse möglichst objektiv und wertungsfrei wiederzugeben. Gleichwohl schildert er die Geschichte der Inquisition nicht einfach nur, sondern legt viel Wert auf eine detaillierte Betrachtung der Ereignisse, immer in Anbetracht der zeitlichen Voraussetzungen und Umstände. Obwohl Darstellungen und Abbildungen im Zusammenhang mit der Inquisition verboten waren, überlässt er Vorstellungen über die Inquisition nicht einfach unsere Fantasie. Es gelingt ihm, unter Mithilfe von verschiedenen Historikern, Ethnographen und Theologen, u.a. Franz Strunz – der zu seiner Zeit als bedeutender Experte für Geschichte der Naturforschung im Mittelalter galt – Ausschnitte aus jener Zeit abzubilden. Lucka enthält sich Wertungen und schildert selbst das willkürliche und brutale Verhalten der Inquisitoren so objektiv wie möglich.

Um Emil Luckas philosophisches und geschichtliches Interesse zu verstehen, lohnt es sich, einen Blick auf seinen Lebenslauf zu werfen. Geboren 1877 in Wien begann er nach seiner Matura, Geschichte, Philosophie und Kunst zu studieren. Obwohl Lucka sein Studium abbrach, veröffentlichte er weiterhin kulturpolitische Essays, biografische Werke und eine Reihe an philosophischen Werken, wie „Die Phantasie. Eine psychologische Untersuchung" (1908) oder „Die drei Stufen der Erotik" (1913). Nach eigenen Aussagen war Lucka besonders von der Philosophie Immanuel Kants fasziniert, über deren Einfluss auf sein Schaffen er in einer „Autobiograph. Skizze" ausführlich berichtet. Spuren der Philosophie Kants finden sich auch im vorliegenden Werk wieder. Sein ethisches System legte Kant nach der Frage der Vernunft aus. Kernpunkt ist die Ansicht, dass die Vernunft die höchste und letzte Autorität der Moral ist. Er rief in diesen Schriften dazu auf, sich von jeglichen Anleitungen (wie auch Gott) zu lösen und Verantwortung für sein eigenes Handeln selbst zu übernehmen. Er leitete damit einen Wendepunkt in der Philosophie und auch im Religionsverständnis ein – die Aufklärung.

Als Jude geboren, konvertiert Lucka 1901 zum Christentum und wendet sich fortan national-romantischen, nordischen Themen zu. Beeinflusst von den philosophischen Werken seines engen Vertrauten Otto Weininger, über den er 1905 nach dessen Freitod eine Biografie schreibt, übernimmt er zeitweilig auch dessen antisemitische Einstellung. In seinen späteren Werken distanziert er sich wieder davon. Im Alter von 63 Jahren stirbt Emil Lucka am 15. Dezember 1941 in Wien.

Den offiziellen Sinneswandel der römisch-katholischen Kirche erlebt Lucka nicht mehr mit. Erst auf dem Zweiten Vatikanischen

Konzil (1962–1965) spricht sich die katholische Kirche für Religions- und Gewissensfreiheit aus und erst 30 Jahre später, im Jahr 1998, öffnet der Vatikan die Archive der römischen Inquisition. Tausende von Inquisitionsakten bringen fortan viele Erkenntnisse. Papst Johannes Paul II. gesteht als erster Papst öffentlich das Fehlverhalten der katholischen Kirche ein und legt im Jahr 2000 ein öffentliches Schuldbekenntnis für die von Kirchenvertretern verübte Gewalt ab.

Ina Cordes

SEVERUS Verlag

Vorwort

Diese Schrift will nichts anderes als die Geschichte der Inquisition, ihr Entstehen, ihre Wirksamkeit, ihre besondere Art, endlich ihr Erlöschen objektiv darstellen. Es war mein Bemühen, jeder Parteinahme auszuweichen; wenn dies doch nicht immer gelungen sein sollte, so wird man mir nachsehen, dass meine Sympathien mehr bei den Verfolgten als bei den Verfolgern gewesen sind. Ich bin den Herren, Hochschulprofessor Dr. Franz Strunz in Wien, Pastor Theodor Fliedner in Madrid, Dr. G. Moldenhauer[1], Leiter des Centro español-aleman in Madrid, Professor Dr. Ernst Schäfer in Sevilla, für Ratschläge und sachkundige Hilfe zu Dank verpflichtet und nicht minder Herrn Gil Miguel vom Ethnographischen Museum in Madrid, der nach Holzschnitten und Kupferstichen des 16. Jahrhunderts, die Photographien für dieses Buch angefertigt hat. Die Herkunft der wenigen anderen Bilder ist im Verzeichnis angemerkt. Da die spanische Inquisition jede bildliche Darstellung, die sich auf sie selbst bezog, verboten hat, sind zum Teil Schnitte und Stiche französischer und niederländischer Künstler verwendet worden.

Wien, Oktober 1925
Emil Lucka

---

1   Anm. des Verlags: Hier ist vermutlich Gerhard Moldenhauer gemeint.

Banner mit dem Wappen der Inquisition

Erstes Kapitel

Die Anfänge der Inquisition

1

Als sich die Sekte der Christen durch ihre unverständlichen und alles Hergebrachte verleugnenden Lehren, den Machthabern des römischen Staates und dem Volk verdächtig machte, wurde ihre Religion für gemeingefährlich erklärt und verboten. Man begann, die Christen als Feinde der menschlichen Gesellschaft zu bekämpfen, an allen Enden des Reiches brachen die Verfolgungen aus, von denen Geschichte und Legende erzählen. Kaiser, Statthalter, Senat, Beamte dachten verschieden über die Gefährlichkeit dieser Menschen, bald neigte man zur Duldung, bald wurde der Scheiterhaufen als das einzig wirksame Mittel gegen die halsstarrigen Fanatiker angesehen, die sich, unfassbar dem antiken Geist, zum Tod für ihre Überzeugung geradezu drängten.

Das Toleranzedikt, das Kaiser Konstantin 313 in Mailand erließ, setzte der Verfolgung der Christen ein Ende und gab ihnen die beschlagnahmten Güter zurück. Der Kaiser wurde Christ, die neue Religion Staatsreligion. Schon zwölf Jahre später bedrohte das Konzil von Nicäa, das die Dogmen zum ersten Mal bindend feststellte, den mit dem Tode, der dem Erzketzer Arius anhangen oder auch nur einer seiner Schriften lesen sollte. Die Zeit des Leidens war vorbei, die Zeit der Macht war angebrochen. Den glaubenstreuen Christen, die wenige Jahre früher Psalmen singend den Holzstoß bestiegen hatten, waren jetzt Überzeugung und Standhaftigkeit vom Teufel eingegeben. Wiederum wurden sie verbrannt, doch nicht als Blutzeugen des wahren Glaubens, sondern als seine Verleugner und Schänder. Aus den Flammen des Scheiterhaufens stiegen sie nicht ins Paradies auf, zur Rechten Gottes zu sitzen, der irdische Brand wies ihnen nunmehr den Weg zum Höllischen.

Der Kult der alten Götter stand zu derselben Zeit noch in Blüte und wurde nirgends gestört. Kaiser Julian, der vom Christentum abgefallen war und den Neuplatonismus bekannte, schreibt, dass kein wildes Tier so grausam gegen die Menschen verfahre wie Christen gegen andere Christen.

Die Gesetze von Nicäa wurden auf den folgenden Konzilen von den folgenden Kaisern wiederholt und bekräftigt. Was sich nicht zu der kürzlich festgestellten Orthodoxie, dem Mehrheitsbeschluss der Bischöfe in Nicäa, bekennen wollte: Heiden, Juden, christliche Ketzer, wurde verurteilt, bestraft, getötet. Im Jahre 447 befahl Papst Leo I. der Große, die Tötung aller derer, die anders über die Heilswahrheiten dachten als die Bischöfe der orthodoxen Kirche und er.

Frühe Kirchenväter haben von Religionszwang und der Bestrafung Dissidenter eine andere Meinung gehabt. Tertullian sagt: „Unreligion ist es, mir die freie Wahl der Gottheit, die ich verehren will, zu nehmen, so dass ich nicht mehr verehren kann, wen ich will, sondern wen ich muss. Selbst ein Mensch will nicht erzwungene Verehrung." – Laktantius: „Willst du mit Blutvergießen, mit Folterwerkzeugen die Religion schützen, so besudelst und verwundest du sie, aber du verteidigst sie nicht. Gibt es etwas dem freien Ermessen Anheimgegebenes, so ist es die Religion." – Ebenso Athanasius in seiner Schrift vom einsiedlerischen Leben. – „Dagegen hat ein Geist von der Größe und Tiefe des Augustinus Männer, die einen reinen Lebenswandel im Glauben an Christus führten, für Söhne des Teufels erklärt."

Das war die alte Kirche. Bei den neu christianisierten barbarischen Völkern konnte von Ketzerei nicht wohl die Rede sein. Sie wurden allmählich von ihren alten heidnischen Bräuchen zum christlichen Kult hinübergeführt, lernten die Formeln, die ihnen ihre Missionare brachten, nahmen in schweigender Ehrfurcht teil am neuen Gottesdienst. Sie glaubten, was man sie lehrte. Gab es trotzdem hier und da Zweifel, so bemühte man sich, den Abtrünnigen zurückzuführen, ohne ihn zu zwingen oder zu strafen. Der erste überlieferte Fall einer Ketzerverbrennung in Westeuropa betrifft den Spanier Priscillian, der für einen Manichäer galt und vom Kaiser Maximus in Trier gefoltert und mit sechshundert seiner Anhänger hingerichtet wurde. Entsetzen verbreitete sich über diese Tat, der heilige Martin von Tours schloss die Bischöfe, die sie veranlasst hatten, aus der Gemeinschaft der Kirche aus.

Die Gesetzgebung Karls des Großen kennt nicht die Bestrafung der Ketzer.

2

Im 11. Jahrhundert regte sich in der Provence und im Languedoc, den gebildetsten Ländern Europas, ein Neues, das nicht von heidnischen Überlieferungen herkam, aber auch nicht von der Kirche. Die erste weltliche Kultur seit dem Untergang der Antike schlug ihre Augen auf. Ein stolzes und selbstbewusstes Bürgertum vermochte, über die Notdurft des Tages hinaus, seinem Leben einen Schimmer von Schönheit und Luxus zu geben, man wollte nicht Knecht von Fürst und Bischof sein, erwählte sich selbst Konsuln. In den Schlössern reicher Adliger wurde fröhlich und glänzend Hof gehalten, die Frauen, die von der Kirche zum Schweigen verurteilt waren, standen plötzlich im Mittelpunkt, große Herren stritten, nicht mehr mit dem Schwerte, sondern mit Vers und Laute um ihre Gunst, Troubadours, unter ihnen Dichter hohen Ranges, wurden geehrt, geliebt, umworben. Ein neues Gefühl von Welt, von Schönheit, von Liebe war in den Herzen aufgewacht, neue Augen sahen unsere alte Erde, Menschen waren lebendig, die nicht von Tradition und Kirche unterwiesen worden waren, das Leben zu schauen, die es mit eigener Kraft fassten und verstanden. Dies kann hier nur angedeutet werden, ich habe es in dem Buch „Die drei Stufen der Erotik" ausführlich dargestellt („Die Geburt Europas").

Das neue Leben, das im 11. und 12. Jahrhundert erwachte, trieb seine Schösslinge im Religiösen. Männer standen auf, die sich nicht von gedankenlosen Priestern, Leuten, die offenkundig ein unwürdiges, ärgerliches Leben führten, vorsagen lassen wollten, wo das Heilige, das Göttliche zu finden, wie ein reines evangelisches Leben zu führen wäre; die vielmehr nach den Quellen dürsteten, die, unkundig des Lateinischen, die Evangelien in ihrer Sprache zu lesen begehrten. Bisher und weiterhin hatte die Kirche Bibel und Evangelium als ihre Privatdomäne angesehen, sie duldete nicht, dass der Laie auf anderem Weg Kenntnis von den Heiligen Schriften gewinne als durch die Predigt des Klerikers. Die Bibel selbst lesen zu wollen, gar in der trivialen Sprache des Alltags, war Verbrechen gegen die Kirche oder gegen die Religion, denn dies galt, wie immer in Zeiten einer herrschenden Priesterschaft, für dasselbe. Es war der tiefere Wille der allerorten, am stärksten aber im Süden Frankeichs neu erwachten lebendigen Religiosität, selbst aus den Quellen zu schöpfen, um der Lehre Jesu unmittelbar, nicht durch fragwürdige Vermittlung teilhaftig zu werden, das Leben Jesu im eigenen Herzen zu tragen, seine Gleichnisse im Alltag wiederzufinden. Dies war der tiefere evangelische Wille aller Ketzersekten von Peter von Bruys bis Wiclif, Hus, Luther, die Pietisten und die Männer der Gegenwart. Andere begnügten sich mit dem Geringeren, dass der geweihte Priester auch ein heiliger, zumindest ein reiner Mensch sein sollte, dass er nicht von Wein und Buhlschaft herkäme, wenn er das Sakrament des Altars genoss und spendete. Das Sakrament, das von unreinen Händen erteilt worden war, konnte nicht gültig sein vor Gott.

Peter von Bruys war der erste unter diesen Religiösen. Von 1106 an predigte er im Süden Frankreichs gegen das weltliche Treiben und die Schlemmerei der Prälaten, er forderte, dass der Priester ein Nachfolger des Herrn sei, nicht ein Vollbringer zauberischer Zeremonien. Die Bischöfe wurden aufmerksam, Peter musste in die Gascogne fliehen, lehrte überall, gewann Anhänger. Aber man wurde seiner habhaft und verbrannte ihn 1126 in St. Gilles. Der Same, den er ausgestreut hatte, war auf fruchtbares Land gefallen, lange noch trugen Jünger, die sich Petrobrusianer nannten, sein Andenken und seine Lehre im Herzen.

Ein anderer, Heinrich von Lausanne, der Mönch gewesen war, entlief 1116 seinem Kloster und zog predigend durch Frankreich. Er lehrte die christliche Nächstenliebe, verwarf den Kirchenbesuch und die Verehrung der Heiligen. Man fing ihn, brachte ihn ins Kloster zurück, aber er ließ sich das Wort nicht verwehren und entsprang zum zweiten Mal. Das Volk liebte ihn, und die Bischöfe vermochten nichts, selbst ein Legat des Papstes erntete Hohn, als er gegen ihn predigen wollte. Der große Bernhard von Clairvau, das Licht der Orthodoxie, sagte von Heinrich: „Die Stimme eines einzigen Ketzers macht alle die apostolischen und prophetischen Stimmen schweigen, die sich vereinigt haben, um die Völker zur Kirche Christi zuführen." – Wir wissen nichts von Heinrichs Ende.

Der Wille zur religiösen Unmittelbarkeit war erwacht. In Westdeutschland nannten sich die Stillen im Lande Begharden, Beguinen, Luziferianer, Brüder vom freien Geist und anders, in Italien stand Arnold von Brescia auf, ein Schüler des gelehrten, aber der Ketzerei nicht ganz unverdächtigen, Abälard, und trieb in glühender Rede das Volk, die verkommene Geistlichkeit aus ihren Pfründen zu jagen; Jünger des Herrn sollten die Priester sein, unbeschwert von weltlichem Gut, lauteren Herzens. Arnold war ein Mann, der etwas vom reinen Glauben des heiligen Franz, etwas vom Feuer Savonarolas, etwas von der beredsamen Kraft Luthers besaß. Die Kirche erkannte die Gefahr, die ihr von diesem Brennenden drohte, das Laterankonzil schleuderte seinen Fluch gegen ihn, doch Arnold floh nach Frankreich und in die Schweiz, riss die Menschen mit sich fort. Zurückgekehrt, wurde er gefasst und von einem geistlichen Gerichtshof als Ketzer verurteilt. Man bot ihm Verzeihung, wenn er seinen Irrtümern entsagen wollte, aber er schritt (1154) mit so viel Größe in den Feuertod, dass nicht nur das Volk, selbst die Henkersknechte weinten. Seine Asche wurde in den Tiber gestreut, damit das Volk von Rom sie nicht sammle und als ein Heiligtum verehre. Arnold von Brescia ist einer der großen Blutzeugen seines Glaubens, sein Andenken hat jahrhundertelang im Volke weitergelebt.

Peter Waldes, ein reicher, aber ungelehrter Kaufmann in Lyon, ließ sich das Neue Testament ins Provenzalische übersetzen, wusste es bald auswendig und bot es wandernd dem Volke. Er fand viele Jünger, und sie zogen gemeinschaftlich in der Nachahmung, evangelischer Armut bettelnd und Reinheit des Lebens fordernd, durchs Land. Die Bischöfe verboten ihnen die Predigt, Waldes bat den Papst um die Erlaubnis, eine Gemeinschaft evangelischer Prediger gründen zu dürfen, aber er wurde mit den Seinigen 1184 exkommuniziert. Waldes war ein milder, gütiger Mensch, ähnlich dem Franz von Assisi, der ihn wohl als sein Vorbild verehrt hat. Was er und seine Anhänger, die vom Volke „Die Armen von Lyon" genannt und dann unter dem Namen Waldenser berühmt geworden sind, lehrten, war harmlos und im Grunde der Kirche nicht feindlich, nur – und damit verkündete Waldes die Überzeugung der ganzen nichtkirchlichen Welt – auf Besserung bedacht. Als später ein Waldenser von der Inquisition in Toulouse gefragt wurde, was denn eigentlich seine Lehre sei, gab er die Antwort: „Weder Böses zu sagen noch zu vollbringen, keinem anderen zu tun, was man selbst nicht erleiden will, weder zu lügen noch zu schwören."

Die verbreitetste und langlebigste der Ketzersekten waren aber die Katharer (d.h. die Reinen, und das deutsche Wort Ketzer kommt daher). In ihnen lebte wieder einmal das gefürchtete Urketzertum des Manichäismus auf, der von dem Perser Mani (2. Jahrhundert) gestiftet worden war und den im Christentum angelegten Dualismus zum altpersischen prinzipiellen Dualismus vertieft und mit allerlei orientalischen Mythen ausziert. Die mächtige Bewegung der Katharer und Albigenser begnügte sich nicht damit, kirchliche Missstände zu rügen und zu bekämpfen, sie verwarf Priestertum, Sakramentskult, Heiligendienst ganz und gar, die römische Kirche galt ihr als die Synagoge Satans, selbst das Kreuz wurde als ein äußerliches Zeichen missachtet. Sie lasen die Bibel und fanden, dass die herrschende Kirche wenig mit ihr gemein hatte. Ähnlich wie Marcion lehnten auch sie das Alte Testament ab, lehrten strengste Askese und Welthass, der mit ihrem Kirchenhass zusammentraf. Ihnen galt der Genuss des Fleisches für verboten, die Ehe war nur in Ausnahmefällen zugelassen, und der Glaube des Volkes, dass man einen Ketzer an seiner bleichen Gesichtsfarbe erkenne, geht auf ihre enthaltsame Lebensweise zurück. Die Katharer trachteten nach einer inneren Organisation, gründeten eine Kirche mit Priestern und Bischöfen, in ihren Riten ist vielfach schon der Gottesdienst des späteren Protestantismus vorgebildet. Als im Jahre 1239 in Mont Wimer[2] in Frankreich 183 Katharer verbrannt wurden, spendete ihnen ihr Seelsorger (die Kirche nannte diese Leute „vollkommene Ketzer") das *Consolamentum* mit den Worten: „Ihr, die ihr von mir absolviert seid, werdet alle gerettet werden, ich allein bin verdammt, denn keiner ist da, der mich absolvieren könnte." – Das ist allerdings nicht evangelisch, sondern ganz im Sinne des Katholizismus gesprochen.

Über die Katharer, deren strenge Lebensweise wenig Anziehendes für den Leichtfertigen haben konnte, gingen im Volke phantasti-

---

2   Anm. des Verlags: Existiert heute nicht mehr.

sche Gerüchte um. Da sie die Ehe mieden, verdächtigte man sie jeder Unzucht, aber die Inquisitoren, die sie besser kannten, hüteten sich vor so unglaubwürdigen Beschuldigungen. Selbst der heilige Bernhard von Clairvaux sah sich genötigt, zuzugeben: „Wenn ihr sie fragt, so kann es nichts Christlicheres geben als die Ketzer, ihr Gespräch ist tadellos, und ihre Taten stimmen mit den Worten überein. Der Ketzer betrügt keinen, bedrückt keinen, schlägt keinen. Seine Wangen sind bleich vom Fasten, er isst nicht das Brot des Müßigganges, sondern gewinnt seinen Unterhalt mit der Hände Arbeit." – Diese Ketzer, meist einfache Leute, über deren Unwissenheit die Theologen lachten, trugen die so gefürchteten Bibelübersetzungen und andere kirchenfeindliche Schriften durch ganz Europa, sie standen für ihren Glauben ein und verhehlten ihn auch nicht vor der Inquisition. Damals sind mehr Bekenner des Evangeliums den Märtyrertod gestorben als in der Zeit der römischen Kaiser.

Alle diese Sekten wurzelten im Volke, sie waren der Kirche gefährlicher als die Haarspalterei der Theologen, die über ein Dogma stritten und vor lauter gelehrtem Eifer unversehens in den Ruf der Ketzerei kommen konnten, ohne doch mehr zu riskieren als einen Widerruf. Jenen Menschen aber war Religion nicht Theologie, sondern höchste Sorge ihres wirklichen Lebens. Selten verstanden sie Latein, aber Weber und Schuhflicker waren mit dem Evangelium besser vertraut als hochmütige Kleriker, und es kam mehr als einmal vor, dass ein Geistlicher vor einem einfachen Mann seine Unwissenheit in den Grundlagen der Religion eingestehen musste. Solches war schmerzhaft für die Kirche. Immer klarer erkannte man, dass mit den Waffen des Geistes über die Ketzer nicht Herr zu werden war (noch heute sind merkwürdigerweise im offiziellen *Codex iuris canoniei* die Disputationen mit Ketzern verboten, außer wenn sie vom Bischof ausdrücklich gestattet worden wären); man nützte die Gewalt, die man in Händen hatte, schritt allmählich zum Kampf und zur organisierten Verfolgung.

Es waren die Jahrhunderte der größten kirchlichen Macht, die Könige der Christenheit empfingen demütig ihre Gesetze von Rom, ein Kaiser Deutschlands und Italiens stand büßend vor dem Pontifex in Canossa. Geistesgewaltige Päpste befahlen den Fürsten, alle Ketzerei mit Halm und Wurzel aus ihren Ländern zu jäten und jede Hilfe hierzu den Dienern der Kirche zu leihen. Wer sich weigern sollte oder auch nur lässig war, verfiel der Exkommunikation, und sie war kein bloßes Wort, über das sich Gleichgültige hinwegsetzen konnten, sie brachte Gefahr der Absetzung und des Todes. Denn hatte sich einer ein Jahr lang nicht vom Banne gelöst, so wurde er selbst ein Ketzer, landlos und vogelfrei. Thomas von Aquino, dessen *Summa theologiae* noch heute das vielbewunderte Grundwerk der katholischen Kirche und Philosophie ist, lehrt darin: „Die Ketzerei ist eine Sünde, wegen derer man verdient, nicht nur von der Kirche durch die Exkommunikation, sondern auch von der Welt durch den Tod ausgeschlossen zu werden. Bleibt der Ketzer bei seinem Irrtum, so soll die Kirche es aufgeben, ihn zu retten, und soll für das Heil der übrigen Menschen sorgen, indem sie ihn durch ein Exkommunikationsurteil aus ihrem Schoße ausschließt. Das übrige überlässt sie dem weltlichen Richter, damit er ihn durch den Tod von dieser Erde verbanne." – Dies ist noch heute bindendes Gesetz der katholischen Kirche.

3

Im Jahre 1017 wurden in Orléans durch König Robert den Frommen die ersten Ketzer verbrannt. Unter fünfzehn Katharern weigerten sich dreizehn, zu widerrufen, obgleich man ihnen Gnade versprochen hatte. Das war die charakteristische Haltung dieser Männer und Frauen. In Oxford haben Ketzer den Scheiterhaufen bestiegen, mit den Worten: „Selig sind, die um der Gerechtigkeit willen verfolgt werden, denn ihrer ist das Himmelreich." – Ähnlich in Köln und anderswo. Jedermann kannte den Heroismus dieser Menschen, kirchliche Schriftsteller können ihn nicht leugnen, natürlich musste Satan seine Hand im Spiel haben, der ihnen das Herz verhärtete, vielleicht gar das Fleisch fühllos machte.

Der Scheiterhaufen von Orléans war nicht von der Kirche angezündet worden, sondern von einem eifrigen Fürsten. Die kirchlichen Autoritäten schwankten noch, wie Ketzer zu behandeln wären, scheuten im Allgemeinen vor Gewaltanwendung zurück. Ebenso war das

Verhalten des Volkes ungleich: manchmal fühlte es heimlich Sympathie mit den leidenden Helden, meistens jedoch stand es im Bann der Geistlichkeit, und ist vorgekommen, dass das Volk Ketzer, mit denen die Kirche gnädig verfahren wollte, aus ihrem Kerker gerissen und verbrannt hat. Die Verbrennung von Menschen war ja auch ein aufregendes und seltenes Schauspiel, auf das man nicht gern verzichten wollte, wenn sich einmal die Gelegenheit bot.

Im Languedoc und in der Provence war die Gefahr für die Kirche am größten. Adel, Bürgertum, Landbevölkerung förderten das Ketzertum; im Jahr 1167 durften die Katharer wagen, nahe von Toulouse ein Konzil abzuhalten, zu dem sich Gesandte aus mehreren Ländern, sogar aus Konstantinopel, einfanden. Bischöfe wurden gewählt, eine fest organisierte Kirche sollte gegründet werden – der erste Versuch in Europa, sich in geschlossener Form unabhängig von Rom zu machen. Die Prälaten vermochten nichts, in Albi wurde der Bischof vom Volke bedroht, der Bann, den man verhängte, blieb ein leeres Wort. Der Fürst des Landes, R a i m u n d V I. v o n T o u l o u s e, ein lebensfroher Herr, an dessen Hof die neue weltliche Kultur ihre schönste Stätte gefunden hatte, war im Herzen gleichgültig gegen Kirche und Theologie, begünstigte vorsichtig die Ketzerei, vielleicht weniger aus religiösem Ernst, als um die Anmaßungen der Kirchenfürsten und die Tyrannei des Papstes einzudämmen. Er schwankte sein Leben lang zwischen den Parteien hin und her, wagte niemals, sich offen gegen Rom zu kehren, war meistens gebannt, kaufte sich wieder frei, hatte einen Kreuzzug gelobt, gewann aber immer wieder Aufschub, unterwarf sich endlich, um nicht Land und Herrschaft zu verlieren, völlig den Wünschen der Kirche und zündete selbst Scheiterhaufen für die Bürger seines Landes an.

Im Jahr 1179 verkündete das Lateranische Konzil einen Kreuzzug nicht gegen die Heiden, sondern gegen die Bekenner des Evangeliums in Südfrankreich. Wer die Waffen ergriff, bekam zwei Jahre Ablass, wer fiel, dem wurde die ewige Seligkeit verheißen. Ein Heer fand sich zusammen, das bereit war, ohne Sold zu dienen. Unter der Führung des päpstlichen Legaten drang es 1181 in Südfrankreich ein; zwei Bischöfe der Katharer wurden mit anderen Ketzern gefangen genommen, sie schworen ihren Glauben ab; doch bald ging das Heer auseinander, die Bekehrten traten zum Katharismus zurück – die Macht der Ketzer war noch größer geworden. Sie lehrten öffentlich im Land, gründeten Schulen, überführten auf friedlichem Weg Disputanten, die sich ihnen gestellt hatten, ganze Klöster gingen zur neuen Lehre über. Eine Gegenkirche war im Lande der Troubadours entstanden.

Innocenz III. hatte selbst auf dem Laterankonzil erklärt, dass die Sittenverderbnis des Klerus an den Siegen der Sarazenen und der Ketzer Schuld trage, er versuchte wohl zu bessern, aber ohne Erfolg, und wandte sich bald mit all seiner Energie gegen die Katharer. Im Jahre 1204 schickte er Briefe an die Prälaten und Herren der Provence, befahl ihnen, die Ketzer zu ergreifen, zu verbrennen und ihr Gut zu nehmen. Da die Machtmittel der Bischöfe nicht ausreichten, forderte er von allen weltlichen Behörden Hilfe gegen Ketzer und Ketzerfreunde, wofür ihnen Ablass zugesichert wurde; wären sie säumig, so sollten sie dem Interdikt verfallen. Eine Gesandtschaft von drei Mönchen kam nach Südfrankreich, um die Ketzer auszuforschen und sie dem weltlichen Arm zur Exekution zu übergeben. Wer von früher her im Banne lag, wurde durch die Aussicht auf Absolution und einen Anteil am eingezogenen Ketzergut bewogen, den Kreuzzug mitzumachen. Zugleich forderte der Papst König Philipp August von Frankreich auf, ein Heer zu senden; das Land, das er in Besitz nähme, sollte ihm rechtens gehören. Aber der König tat nichts, und die Bischöfe des Südens waren verdrossen, dass die Legaten des Papstes über sie gestellt sein sollten. Diese drei Mönche, ausgestattet mit päpstlicher Vollmacht über Kirchenfürsten und weltliche Herren, sind der Anfang der päpstlichen Inquisition.

An Raimund, den selbständigen Herrn des Landes, der keine Miene machte, gegen die Ketzer einzuschreiten, schrieb Innocenz einen bösen Brief, drohte, ihn seiner Herrschaft für verlustig zu erklären, und die Könige der Christenheit mit Waffengewalt über ihn zu senden. Der Legat, den der Papst nach Toulouse gesandt hatte, Peter von Castelnau, tat Raimund in den Bann. Doch alles dies fruchtete nicht viel, der Ketzer waren mehr als der Rechtgläubigen im Lande, und Raimund sorgte sich lieber um Glanz und Kunst als um die religiösen Streitigkeiten.

Da kam der Partei des Papstes ein unerwarteter Vorfall zu Hilfe: der Legat Peter wurde plötzlich ermordet, ohne dass man die Schuldigen hätte feststellen können. Man wies auf Raimund, der die Tat, wenn nicht veranlasst, so doch nicht verhindert hätte. Neue Exkommunikation fiel auf ihn, in den Kirchen seines eigenen Landes wurde gegen ihn als einen Ketzer und Begünstiger der Ketzerei gepredigt, alle Eide, die man ihm geschworen hatte, wurden für nichtig erklärt. Raimund sah, wie sich von allen Seiten das Netz um ihn zusammenzog, unterwarf sich und versprach, das Kreuzfahrerheer, dass sich bildete, gegen die ketzerischen Bürger des eigenen Landes zu führen. Er wurde des Bannes ledig.

Der Albigenser-Kreuzzug begann (1209). Ein großes Heer zog von Frankreich aus die Rhône hinab, die Legaten des Papstes an der Spitze. Der Feldherr war Simon von Montfort. Dieser französische Ritter ist eine von den großen düsteren Erscheinungen der fanatischen Zeit, ein unbedingter Streiter der Kirche, der schon im Heiligen Land gewesen war und weder Eitelkeit noch Habgier kannte, ein Mann aus Eisen, für den Katholischsein und Menschsein eines war, dem als höchstes Verdienst galt, alle zu töten, die vom Glauben abgeirrt waren. Vor Béziers forderte er die Bürger auf, ihm alle Ketzer zu übergeben; als sie sich weigerten, wurde die Stadt völlig niedergebrannt, Männer, Frauen und Kinder getötet. Siebentausend Menschen, die in einer Kirche Schutz gesucht hatten, wurden von den Kreuzfahrern erschlagen, weil unter ihnen Ketzer sein konnten.

Fremdes, zügelloses Kriegsvolk verwüstete das Land. Die unbezwingliche Festung Carcassonne öffnete kampflos ihre Tore, vor Toulouse forderte der Legat die Herausgabe aller Ketzer; aber man leugnete, dass sich Ketzer in der Stadt befänden, und die Belagerung zog sich hin. Viele Kreuzfahrer, denen reiche Beute und schnelle Heimkehr verheißen worden war, ließen ihren Feldherrn im Stich. Raimund ging nach Rom, unterwarf sich, aber er wurde mit unklaren Reden hingehalten und sollte, um von jedem Ketzerverdacht frei zu werden, einen Kreuzzug nach Palästina tun. Da erkannte dieser charakterschwache Fürst, dass er gegen sein eigenes Land dem Feind gedient hatte, kehrte heim und versöhnte sich mit den Seinigen. Neue Kreuzfahrer zogen vom Norden heran, dem Raimund kam Peter II. von Aragon zu Hilfe, fiel aber im Kampf. Der Legat des Papstes zog in Toulouse ein, ohne dass Klarheit über das Schicksal Raimunds und seines Landes geschaffen worden wäre.

Auf dem Laterankonzil 1215 wurde Raimund entgegen allen Zusicherungen, die man ihm gemacht hatte, abgesetzt, Simon von Montfort zum Herrn des Landes ernannt. Es gelang Raimund, Truppen zu sammeln, denn das Volk litt hart unter der Fremdherrschaft. Simon belagerte Toulouse zum zweiten Mal, fiel aber (1218), und die ganze katholische Welt trauerte um ihren Helden. Orthodoxe und Katharer vereinigten sich jetzt, das Land gegen die Eroberer zu schützen, selbst Geistliche standen auf der Seite der Heimat, also der Ketzerei; die Kirche hatte sich ja als Feindin aller enthüllt. Es glückte, die Fremden, die um der Beute willen gekommen waren, zu vertreiben.

Und doch blieb der Papst Sieger. Er bestimmte Ludwig VIII. König von Frankreich mit seinen Baronen, das Kreuz zu nehmen. Ein neues Heer erschien in der Provence, eroberte Avignon, und obwohl der König starb, noch ehe er Toulouse erreicht hatte, war es mit der Unabhängigkeit des Landes zu Ende. Raimund VII., der dem Vater gefolgt war, erkannte seine Ohnmacht gegen die Herren von Rom und Paris, er musste alles tun, was man von ihm forderte, schwor, die Ketzer und ihre Freunde blutig zu verfolgen und keinem Gnade zu gewähren. Das päpstliche Gericht der Inquisition sollte eingesetzt werden, Raimund verpflichtete sich, für jeden Ketzer einen Beitrag zu zahlen, er wurde völlig zum Handlanger der Kirche. Die durch Jahrhunderte behauptete Unabhängigkeit seines Hauses und Landes war dahin, Raimund war zum Vasallen Frankreichs geworden. In seiner Stadt waltete die Inquisition.

4

Vom Papste bewogen, hatte Kaiser Otto IV. 1210 über alle Ketzer seines Reiches den kaiserlichen Bann verhängt, die Einziehung ihres Vermögens und die Verbrennung ihrer Häuser befohlen. Obgleich von Hinrichtung nicht die Rede war, kam der kaiserliche Bann der Todesstrafe fast gleich, da den Rechtlosen jeder ungestraft ermorden durfte. Aber erst Friedrich II. fügte den letzten Ring zur Kette. Der vielbewunderte Hohenstaufenkaiser, ein Freigeist und Zyniker, der in

Sizilien Hof hielt, mehr mit Mohammedanern umging als mit Christen, der sich einen Harem hielt und dem die unerhörte Schrift *De tribus impostoribus*", „Von den drei Betrügern", zugemutet worden ist (die drei Betrüger sind Moses, Christus, Mohammed), dieser Kaiser, der erbitterte Feind der Päpste und stets in ihrem Bann, fand es offenbar leichter, über ein unzwiespältiges, in der Furcht vor der Priesterschaft lebendes Volk zu herrschen als über ein religiös entzweites. (So hat ja auch Napoleon, der völlig glaubenslos war, die katholische Kirche beschützt, weil sie die so wertvolle Kunst verstand, die Menschen im Zaum zu halten). Friedrich hat den Willen der Kirche, alle Andersdenkenden auszurotten, ins Gesetz des Reiches aufgenommen und, von 1220 angefangen, in verschiedenen Statuten und Konstitutionen befohlen, dass den Ketzern die Zunge herausgeschnitten werden sollte, sodann, dass man sie verbrenne. Die kaiserlichen Vorschriften wurden allmählich in die deutschen Landrechte, in den Sachsenspiegel und in den Schwabenspiegel aufgenommen, bald auch in die Gesetzgebung der übrigen europäischen Staaten, 1229 in die französische, zuletzt in die englische 1401. Diese Gesetze haben den Feuertod nicht eingeführt, sondern nur festgelegt, was die Kirche befohlen hatte und was schon seit längerer Zeit geübt worden war; wusste doch jeder Fürst, der sich gegen die Ketzerei gleichgültig verhielt, dass er dem Kirchenbanne verfiel und dass, wer immer ein Stück seines Landes an sich reißen wollte, geistlichen Lohn gewärtigen durfte. Dessen waren die beiden Raimund von Toulouse ein warnendes Beispiel geworden. Jedermann, vom Kaiser bis zum Bauer, war beim Heil seiner Seele verpflichtet, im Kampf gegen die Ketzer Hilfe zu leisten, jede weltliche Behörde musste dem geistlichen Richter – Bischof oder Inquisitor –, der ihnen einen Ketzer auslieferte, Henkersdienste tun.

Warum aber dieser Umweg? Reichte die Macht der Kirche im 13. und 14. Jahrhundert nicht hin, selbst auszuführen, was sie für geboten hielt? Meistens wohl. Aber die Fiktion war von alten Zeiten her noch lebendig geblieben: dass kein Geistlicher ein Todesurteil formell aussprechen, noch bei einer Hinrichtung zugegen sein durfte. Das Laterankonzil von 1214 verkündete dieses Verbot aufs Neue, jeder Kleriker, der es übertrat, wurde nach dem kanonischen Recht „irregulär", d.h. er durfte keine kirchliche Funktion ausüben und stand in Gefahr, seine Pfründen zu verlieren. Um dies zu vermeiden, übergab man die verurteilten Ketzer dem weltlichen Arm mit der formelhaften Bitte, „gnädig mit ihnen zu verfahren". Durch diese Wendung lehnte die Kirche die Verantwortung für das von ihr ausgesprochene Urteil ab (und selbst noch kirchliche Schriftsteller der Gegenwart haben jene Formel ernst nehmen wollen). Hätte jedoch ein Richter oder sonstiger staatlicher oder städtischer Beamter der Bitte um Gnade willfahrt, so wäre er selbst als Ketzerfreund exkommuniziert und bald auch als Ketzer eingezogen worden. Schon im Jahr 1184 hatte Papst Lucius III. allen Fürsten befohlen, gleich nach ihrer Thronbesteigung, vor den Bischöfen den Eid abzulegen, dass sie alle kirchlichen Gesetze gegen die Ketzerei durchführen würden.

Der Inquisitor Bernhard Guidonis gibt (um das Jahr 1300) in seinem „Handbüchlein für Inquisitoren" (*„Practica Inquisitionis haereticae pravitatis"*) folgendes Formular an, mit dem der Ketzer ausgeliefert („relaxiert") wird: „Deshalb übergeben wir diesen Ketzer dem weltlichen Arm und Gericht mit der innigen Bitte, wie die Canones vorschreiben, dass das Urteil über ihn nicht zum Tod und nicht zur Verstümmelung führe." Wie diese innige Bitte gemeint ist, wird sogleich erläutert: „Sollte es sich ereignen, dass ein Ketzer, nachdem er dem weltlichen Arm übergeben worden ist und schon zur Richtstätte geführt wird, sich bekehren will, so ist er der Inquisition wieder auszuliefern." Guidonis legt den Inquisitoren ans Herz, die Ketzergesetze Friedrichs II. (die für Südfrankreich und Spanien gar keine Gültigkeit hatten) stets bei sich zu führen, und betont ausdrücklich, dass nach jenem Gesetz den Ketzern die Todesstrafe gebührt. — Noch 1667 schreibt Antonius Diana, Konsultor für das Königreich Sizilien: „Die weltlichen Richter sind nur die Vollstrecker und sind verpflichtet, die Ketzer sogleich zum Tode zu führen. Was die Vollstreckung des Inquisitionsurteils betrifft, ist dem weltlichen Richter jeder eigene Wille entzogen. Dem widerspricht nicht die bekannte Beschwörung, die von den Inquisitoren vorausgeschickt zu werden pflegt, wenn sie den schuldigen Ketzer dem weltlichen Arm überliefern, indem sie nämlich bitten, man möge barmherzig mit ihm verfahren. Diese Beschwörung ist nur eingeführt, damit der kirchliche Richter der Gefahr entgehe, irregulär zu werden." — Es bedürfte dieser Beweisstücke gar nicht, um den Sinn jener Bitte richtig zu deuten, denn das Laterankonzil von 1215 (und vorher Innocenz III. 1198) haben jeden Fürsten, jede Stadtbehörde, jedes weltliche Gericht mit dem Kirchenbanne bedroht, wenn sie nicht alle ihre Macht aufböten, die Ketzer von der Erde zu vertilgen. Dabei hat ihnen die Autorität des heiligen Thomas von Aquino zur Seite gestanden.

Auf dem Konzil von Konstanz 1418 ließ die Kirche auch den letzten Schleier fallen und gebot, dass jeder Hussit verbrannt werden sollte. — Vom Anfang an wurde allen denen Ablass zugesichert, die Holz zum Scheiterhaufen herbeitrugen.

Nicht der lebendige Ketzer allein, auch der Tote musste bestraft und verdammt werden. Man machte ihm den Prozess, grub ihn aus der geweihten Erde, verbrannte sein Bild und sein Gebein. Sein Gut wurde beschlagnahmt, d. h. den Erben weggenommen. Einen Ketzer zu begraben, war Sünde und Ketzerei, wer es getan hatte, musste mit eigenen Händen die Überreste aus der Erde scharren.

5

Die seelische Lage, auf der alles dies beruht, ist uns heute nur noch halb verständlich; aber man muss jede Zeit aus ihren eigenen Voraussetzungen zu begreifen trachten, nicht aus späteren veränderten. Das 12. und 13. Jahrhundert, der Gipfel des Mittelalters, waren maßlos, ekstatisch, fanatisch durchaus, die Kreuzzüge, der Kinderkreuzzug gar, das Geißlertum sind weithin sichtbare Symptome dieser seelischen Verfassung. Herrschende Idee war der Gottesstaat des Augustinus, das ist die Kirche, die von Gott über alle Menschen gesetzt ist, dass sie die Seelen leite, dass sie keine verloren gehen lasse. Wer etwas gegen die Kirche plante, wer Anderes lehrte als sie, war ein Verbrecher gegen Gott, ein Sohn des Abgrundes. Jedes Mittel war recht, dem Teufel und seinen Sendlingen Abtrag zu tun, christliche Nächstenliebe durfte keine Mühe scheuen, die Verirrten wieder zu Gott zu führen. Blieben sie aber verstockt, dann wussten auch milde und weise Männer keinen anderen Ausweg als ihre Vertilgung, damit die Erde, die

Gott den Menschen anvertraut hatte, nicht beschmutzt werde vom höllischen Feind. Menschenpflichten, verwandtschaftliche Bande waren nichts vor dieser einen großen Aufgabe, ungeheuer war ja die Verantwortlichkeit des Priesters vor Gott. „Dem darf keine Treue gehalten werden, der Gott keine Treue hält", hat Innocenz III. gesagt. Die Ketzerrichter waren nicht notwendig blutgierige Menschen; eine unermessliche Verantwortung war auf sie gelegt, die Verantwortung fürs Gottesreich, das die Kirche sichtbar vertrat. Ein Inquisitor kann geweint haben beim Anblick eines Gefolterten, und er hat doch nicht ablassen dürfen, ein Kämpfer des Guten zu sein gegen den Feind der Menschheit. Hatte nicht Gott selbst die Menschen gestraft, die von ihm abgefallen waren? Der Spanier Páramo vergleicht den Inquisitor mit Gott; er straft ja nicht, weil es ihm Freude macht, er straft, um vielleicht noch durch Bußauflegung eine verirrte Seele zu retten oder, wenn sich das als unmöglich erweist, alle anderen Menschen zu bewahren vor dem Feind. Zum Überfluss haben Scholastiker gelehrt, dass die Qual der Verdammten höchste Freude der Geretteten sei, die Tötung der Gottesfeinde, Glück der Gerechten.

Inquisition heißt Erforschung. Einzige Aufgabe des Inquisitors war: die Seele der Menschen zu erforschen, das Böse darin zu finden und zu vernichten. Das ist ja die Voraussetzung der alten Kirche, dass die Menschen (wie die Engel) in Hierarchien angeordnet sind, dass einer über dem anderen steht, dass einer Verantwortung trägt für die Seele derer, die auf tieferer Ebene leben. Ein Stand ist von Gott eingesetzt, der den Seelen Licht zu bringen, sie den rechten Weg zu führen hat, jeder Priester trägt vor Gott Verantwortung für die Seelen, die ihm anvertraut sind – wehe ihm, wenn er beim großen Gericht nicht alle heimbringt! Ein Mittel, sie zu reinigen und zu retten, ist die Ohrenbeichte, die das Herz enthüllt; ein Mittel ist die Buße, die dem Irrenden auferlegt wird, und die Kommunion eint ihn wieder mit dem Gottesreich. Der einzelne Mensch ist nicht unmittelbar vor seinem eigenen Gewissen verantwortlich oder vor Gott – dies ist ja die eine, die große Ketzerei! –, er ist dem Priester verantwortlich, der ihn zu Gott führt. Der aber wieder einem Höheren, und so weiter bis zum sichtbaren Gipfel der Pyramide, auf sie strömt unmittelbar Erleuchtung von Gott.

Dieses Wissen um Welt und Ewigkeit ganz ins Leben zu bringen, das göttliche Gebot in Wahrheit zu erfüllen, dazu ist die Inquisition, die Erforschung der Seelen geschaffen worden.

6

Schon seit Karl dem Großen war es Aufgabe der Bischöfe gewesen, mehrere Male im Jahr ihre Diözese zu bereisen und nach Unrecht und Ketzerei zu forschen. In jedem Ort wurden sieben angesehene Männer ausgewählt, die alles offenbaren sollten, was sie in Erfahrung gebracht hatten, und aufgrund dieser Protokolle wurden die Ketzer ausgehoben. Jedoch kam bei dieser ersten, von den Bischöfen geübten Inquisition wenig heraus, da ihr Interesse an der Sache nicht weit zureichen pflegte.

In den Albigenserkriegen wurde die Aufgabe, Ketzer auszuforschen und zu bestrafen, päpstlichen Legaten zugeteilt und so unmittelbar im Namen der höchsten kirchlichen Macht geübt. Das Verfahren war ungeordnet und voller Willkür, und wie sich auch die Verordnungen häuften, es gab keine regelrechte Methode für den Prozess. Dazu kam, dass die Offiziale und Ordinarien, die bischöflichen Juristen, oft zu wenig Kenntnisse in der Theologie besaßen und den Ketzern nicht gewachsen waren. Gelang es nicht, vom Beschuldigten ein Geständnis zu erreichen, so pflegte man nach altem germanischen Recht zum Gottesurteil oder zum Reinigungseid, seine Zuflucht zu nehmen, deren Wertlosigkeit vor der sich allmählich durchsetzenden römischen Rechtsauffassung jedoch allzu sehr einleuchtete, da an Stelle des Geständnisses fremde Faktoren den Prozess verwirrten. Im Jahr 1212 wurde das Gottesurteil – das in der Probe des glühenden Eisens oder ähnlichem bestand – verboten, und den geistlichen Gerichten war so die einfachste Handhabe, zu einer Erkenntnis zu kommen, geraubt. Ratlosigkeit herrschte, die Gerichte fragten bei Konzilien, beim Papste, selbst beim Volk an, was mit den Beschuldigten zu beginnen wäre; erst die Folter gab wieder ein Mittel an die Hand, ein Geständnis zu erlangen und auf dessen Grund ein Urteil zu finden. Die Paradoxie kann nicht verhehlt werden, dass die Folter, die im Laufe des 13. Jahrhunderts durchdrang, einen Fortschritt im Gerichtsverfahren bedeutete, denn sie zielte auf das Geständnis des Beschuldigten, nicht auf das Eingreifen höherer Gewalten (beim Gottesurteil) oder die Beihilfe mächtiger Freunde (beim Reinigungseid).

Diesen ungeordneten Zuständen setzte Papst Gregor IX. (1227–4241) mit der Einführung der Inquisition ein Ende, die nicht mehr nebenbei von Kirchenfürsten, sondern von eigens hierzu bestellten gründlich vorgebildeten Mönchen, Dominikanern und Franziskanern, ausgeübt werden sollte. Den Bettelorden, die jenseits aller irdischen Interessen standen, wurde die Aufgabe gestellt, ohne Liebe noch Hass, die Frevler zu finden und zu strafen, von keinem anderen Motiv sollte der Richter bewegt sein als vom Eifer für den reinen katholischen Glauben. Diese Männer waren dem Volk, unter dem sie zu wirken hatten, fremd und weniger verdächtig als die geistlichen Herren, die vielfach mit der Stadt verwachsen waren und denen man kaum ein ungetrübtes Urteil zutraute. Das weltliche Gesetzbuch, das zur Ergänzung und Durchführung nötig war, stellte Kaiser Friedrich II., der Feind der Päpste, zur Verfügung. Er erließ in den Jahren 1220–1238 eine Reihe ausführlicher Gesetze, die sich die kirchlichen Bestimmungen ganz zu eigen machten. Der Ketzer, der von der Kirche verurteilt worden war, musste von der weltlichen Behörde verbrannt, sein Vermögen konfisziert werden. Was in den folgenden Jahrhunderten mit Gewissenhaftigkeit und Eifer ins Werk gesetzt wurde: die Verfolgung und die vielfach abgestufte Bestrafung aller derer, die in religiösen Dingen von der Meinung der herrschenden Kirche abwichen, das beruht auf der Gesetzgebung des Ketzers und Skeptikers Friedrich II. des Hohenstaufen, der dem Willen des Pontifex die ganze kaiserliche Macht lieh (Gregor IX. war allerdings der Meinung, dass der Kaiser diese strengen Gesetze nur erlassen hatte, um mit ihrer Hilfe seine politischen Feinde zu vernichten). Was die Kirche schon lange gepredigt und befohlen hatte, das konnte nun vollbracht werden.

Eine Bulle Gregors IX. vom Jahr 1233 setzte die Inquisition als eine neue Macht neben Kirche und Staat, und zwar zuerst für das Ketzerland Südfrankreich. Zwei Dominikanermönche, Peter Cella von Toulouse und Wilhelm Arnaud von Montpellier, wurden ernannt, ihre Machtbefugnisse waren noch nicht scharf umgrenzt, sie sollten, so hieß es, die Bischöfe bei ihrer Pflicht, die Ketzerei auszurotten, unterstützen. Das Konzil von Narbonne (1243) legte weitere Regeln für die Inquisitionsgerichte fest, das Erträgnis der Konfiskationen sollte den Bischöfen zufallen, wofür sie, allerdings erst nach manchen Streitigkeiten, die Gerichtsbarkeit der Inquisition überließen. Jedoch führten die Bischöfe, wenn sie hierzu geneigt waren, immer wieder selbständig Prozesse gegen Ketzer. Alexander IV stellte die Inquisition (1257) unmittelbar unter den Befehl des Papstes, ihre Unabhängigkeit wurde 1304 völlig gewährleistet.

Der Inquisitor hatte das Recht, über die Stadt und jeden einzelnen Bürger zu verfügen bei sonstiger Exkommunikation; seine Macht war praktisch unbeschränkt, selbst den Kirchenbann hatte er nicht zu fürchten, da seit 1261 ein Inquisitor den anderen davon lossprechen konnte. Auch das Asylrecht der Kirche, das während des ganzen Mittelalters heilig gehalten war, wurde aufgehoben, wenn es der Inquisitor forderte. Der König war nicht dagegen geschützt, wegen Verdachtes der Ketzerei in Untersuchung gezogen zu werden, ja im Jahr 1311 hat die Inquisition einen Prozess gegen den verstorbenen Papst Bonifaz VIII. wegen Ketzerei angestrengt, und 1532 hat sie den Versuch gemacht, Sixtus V. für einen Begünstiger der Ketzerei zu erklären.

Wie die Ketzer, so wurden auch ihre Schriften und vor allem die Übersetzungen der Bibel mit dem Banne belegt und verfolgt. In Toulouse war den Laien sogar der Besitz lateinischer Bibeln verboten.

Der Titel Inquisitor erscheint zuerst 1243 in Italien, der Dominikaner Fra Ruggiero Calcagni in Florenz fertigte sich als *Inquisitor Domini Papae in Tuscia*". 1262 setzte Urban IV. den Kardinal Kajetan Orsini als G e n e r a l i n q u i s i t o r über alle Inquisitionsgerichte Europas; sie hatten ihm Bericht zu erstatten und seine Befehle zu empfangen. Als Orsini Papst wurde, folgte ihm sein Neffe als Generalinquisitor, doch erwies sich bei der Selbständigkeit jedes einzelnen Tribunals dieses Amt als unnötig, es erlosch mit ihm. Für Italien bestimmte eine Bulle Innocenz IV. (1252) die Regeln der Inquisition, sie befahl allen weltlichen Fürsten, die Ketzer wie Zauberer zu behandeln und in jeder Stadt eine Kommission zur Ausforschung der Ketzerei einzusetzen. Die Fürsten oder die Stadtbehörden, die sich säumig zeigen sollten, wurden mit dem Interdikt bedroht. Staaten und Städte fügten sich und trugen selbst die Kosten der neuen Einrichtung.

Es war ein Glücksfall für die Kirche, dass zur Zeit, als sich das Bedürfnis nach geschulten Inquisitoren geltend machte, ein Mann auftrat, ein Spanier Domingo de Guzman (1170 zu Calaruega in Altkastilien geboren), der sich die Bekämpfung der Ketzerei zur Lebensaufgabe gesetzt hatte und diese übernommene Aufgabe mit eiserner Zähigkeit durchführte. Mit Erlaubnis des Papstes gründete er 1206 das Kloster Prouille in Südfrankreich, das die Wiege des Dominikanerordens geworden ist, der zweiten gewaltigen Bruderschaft neben den Franziskanern. Die Dominikaner oder Predigermönche kannten kein stilles Klosterleben, sie waren Soldaten der Kirche, die in die Welt gingen, um zu kämpfen. Gleich den späteren Jesuiten musste jeder Bruder bei Tag und Nacht gewärtig sein, in die Fremde geschickt zu werden. Der Orden wuchs außerordentlich schnell, schon 1221, als Dominicus starb, besaß er sechzig Klöster und war in acht Provinzen eingeteilt. Die Mönche des Dominicus und des Franziscus haben die päpstliche Kirche in einer Zeit gerettet, da die Geistlichkeit ganz weltlich geworden, beim Volke verhasst und verachtet war und allerorten der Ruf nach einer gründlichen Reform und Besserung laut wurde. Mit der Hilfe dieser von Besitz und Familie gelösten Männer, hat die Kirche im 13. und 14. Jahrhundert die Weltherrschaft behaupten können, die ihr von der deutschen Reformation des 16. Jahrhunderts entwunden worden ist.

Zwar übertreibt die fromme Legende, wenn sie in dem heiligen Dominicus den ersten Großinquisitor und den Vernichter der südfranzösischen Ketzerei sieht, denn erst nach seinem Tod ist ja die Inquisition als eine selbständige Einrichtung gegründet worden; jedoch trifft so viel zu, dass die Dominikaner jahrhundertelang die erfolgreichsten Bekämpfer der Ketzerei in ganz Europa gewesen sind, dass aus ihren Reihen vom Papste die ersten Inquisitoren ernannt wurden, die sich (neben vereinzelten Franziskanern) in diesem Amt fast immer bewährt haben.

Berruguete: Auto de fe unter dem Vorsitze des hl. Dominicus

Die ersten Inquisitoren, die der Papst 1233 für Toulouse eingesetzt hatte, die Dominikaner Peter Cella und Wilhelm Arnaud, sodann Arnold Catala und Wilhelm Pelisson, begannen ihre Tätigkeit, verurteilten einige Bürger zu einem Pilgerzug nach Palästina und ließen andere verbrennen. Ein Erschrecken ging durchs Land und als gar Tote aus ihren Gräbern gerissen, durch die Straßen geschleift und verbrannt wurden (eine ganz neue Erfindung), da entstand zuerst in Albi, dann in Narbonne ein Aufruhr, einige der Richter wurden erschlagen. Die Konsuln von Toulouse verweigerten ihre Hilfe, ja sie wagten es, die Inquisitoren und ihre Mitmönche aus der Stadt zu treiben, worauf sie und der stets schwankende Graf Raimund VII. von Arnaud mit dem Banne belegt wurden. Der Papst mengte sich ein, die Stadt und ihr Fürst mussten nachgeben, Bischof, Inquisitor und Mönche wurden nach Toulouse zurückgeführt. Jetzt brach eine furchtbare Verfolgung aus, der Inquisitor Pelisson schließt seinen Bericht hierüber mit den Worten: „Die Namen der Ketzer stehen nicht in dem Buche des Lebens geschrieben, ihre Leiber werden hier verbrannt, und ihre Seelen werden in der Hölle gepeinigt."

Der Troubadour Guillem Figuera ruft aus:

O Rom, du frisst uns.
Das Fleisch vom Gebein!
Führst in den Abgrund
Die Blinden hinein!
Gottes Gebote
Hast du schändlich entstellt,
Mit Gier erlässest du
Sünden um Geld.
Allzu gewaltig
Ist schon die Last,
Die du aufs Haupt dir
Geladen hast!

Und Bernard Siecard de Marvejols klagt:

Ach! Toulouse und Provence
Und du, Land von Agence,
Carcassone und Beziers!
Wie ich euch einmal sah – wie ich euch heute seh!

Die Inquisitoren herrschten in Toulouse und gingen von dort in die anderen Städte des Landes, luden vor, kerkerten ein, verbrannten. In mancher Stadt wurde die Hälfte der Bevölkerung, darunter viele Katholiken, mit Strafen belegt. Ein Inquisitor verkündete: „Es ist besser, dass hundert Unschuldige sterben, als dass ein Schuldiger entkomme." — Da und dort stand das Volk auf, in Avignonet wurden einige Inquisitoren mit ihren Dienern erschlagen. Die Kirche erklärte sie für Märtyrer und hat sie (erst 1866) heiliggesprochen.

Die Tat von Avignonet — auch Arnaud war unter den Erschlagenen — entzog der verfolgten Ketzerei viele Sympathien, immer mehr festigte sich die Überzeugung, dass Gewalt das einzige wirksame Mittel sei, ihr zu begegnen.

Die Kraft der Katharer war gebrochen, als ihr letzter Zufluchtsort, Montségur, nach einjähriger Belagerung fiel und alle Eingeschlossenen der Inquisition in die Hände gerieten. Das Volk leistete keinen Widerstand mehr, viele kamen freiwillig, sich mit der Kirche zu versöhnen. Das Konzil von Narbonne musste der Inquisition Einhalt gebieten, denn es war unmöglich genug Gefängnisse zu bauen. In den Jahren 1246 und 1247 besuchten die Inquisitoren sechshundert Orte und führten etwa sechstausend Prozesse durch.

Die Katharer, die sich noch vor Kurzem offen zu ihrem Glauben bekannt hatten, währten noch da und dort im Verborgenen, andere waren in die Lombardei geflohen. Einzelne ihrer Prediger gingen verkleidet durchs Land, klopften nächtlich an manche Tür. Sie und die Freunde, die sie aufnahmen, standen immer in Todesgefahr, denn schon hatte die Inquisition einen großen Teil Europas mit einem Netz von Spionen und Vertrauten überzogen, manch einer wurde jahrelang getrieben, bis man ihn endlich fing und in die Kerker der Inquisition ablieferte. Die Inquisition war allwissend, allgegenwärtig, allmächtig geworden.

Die größte Arbeit war getan, man musste sich bald mit wenigen und sehr schwierigen Ketzerprozessen begnügen; die Treuen, die noch heimlich am Katharismus festhielten, waren ja nicht leicht zu überführen, sie kannten ihr Evangelium besser als die Feinde. Einfacher war es, tote Ketzer zu verdammen, ihr Gebein zu verbrennen und ihre Erben zu plündern. Die Folter wurde allmählich zum legitimen Mittel, die Wahrheit zu erpressen oder wenigstens ein Geständnis ins Protokoll zu bringen.

Die Bevölkerung, wie katholisch sie auch immer sein mochte, wurde in beständiger Furcht gehalten, man war überzeugt, dass die Inquisitoren es mehr auf das Gut als auf den Glauben ihrer Opfer abgesehen hatten, dass Protokolle gefälscht wurden und Menschen gefoltert; von denen man Loskauf erhoffen konnte. Reiche und völlig orthodoxe Katholiken wurden nach ihrem Tode für Ketzer erklärt, um die Erben, über welche die Gefahr der „Infamie" und der völligen Armut heraufzog, zu Geldzahlungen zu bewegen.

Wiederholt wandte man sich an die Bischöfe und endlich an den König von Frankreich um Hilfe, und in der Tat versuchte Philipp der Schöne als erster weltlicher Herrscher, in das Willkürverfahren der Inquisition einzugreifen. Er verbot seinen Beamten, die Verhaftsbefehle unbesehen auszuführen, wollte, dass sie nicht Schergen wären, sondern Richter. Er setzte den Inquisitor von Albi ab, und seine Abgesandten führten im Jahr 1300 eine Untersuchung gegen den Inquisitor von Toulouse, Fulco von St. Georges, der Personen gefoltert hatte, um Geld zu erpressen, und Frauen verhaftet, um im heimlichen Gefängnis nach seinem Gelüste mit ihnen zu verfahren. Der König kam selbst ins Land, hörte die Klagen und hatte den Willen, die ärgsten Missbräuche abzustellen. Doch als ihm der Papst auf anderem Gebiet ein paar Zugeständnisse machte, ließ er der Inquisition ihren Lauf und erkannte neuerdings an, dass die Organe des Staates ihr zu dienen hatten. Als sich 1314 in Albi Widerstand zeigte, wurde die Stadt hart bestraft, Papst Johann XXII. zwang die Herren sich zu versammeln, ihre Reue zu bekennen und zu schwören, dass sie jede Buße übernehmen wollten, bedingungslosen Gehorsam den Bischöfen und der Inquisition schuldeten.

Die Inquisition hatte vollständig gesiegt, seit dem Jahr 1345 etwa, war alle Ketzerei im Languedoc und in der Provence ausgerottet, das

Land verwüstet, arm, seelisch entmannt, Adel und Rittertum vertrieben, die kaum entstandene neue Kunst tot. Die rohen Kreuzfahrerheere, die fanatischen Mönche der Inquisition, die Herrschgier der französischen Könige hatten zusammengewirkt, die Kultursaat zu vernichten, die im 12. Jahrhundert so herrlich aufgeblüht war, aus der dreihundert Jahre früher das neue Europa hätte erstehen müssen. Wohl war mancher Keim der neuen Troubadourdichtung nach Italien, Spanien, Frankreich, Deutschland hinübergeflogen; der Funke des Ketzertums glühte heimlich in mancher Seele fort, aber erst um Jahrhunderte später konnte voll die neue Welt erstehen, die Renaissance in Italien, die Reformation in Deutschland. In Toulouse und in der Provence war aus einem Boden beides zugleich gewachsen.

8

Nach diesem historischen Abriss mögen die Organisation und das Prozessverfahren der Inquisition kurz dargestellt werden.

Man erkannte bald, dass das tiefgewurzelte Ketzertum Südfrankreichs nicht durch eine vorübergehende Maßregel beseitigt werden konnte, dass die Inquisition vielmehr eine ständige Einrichtung bleiben musste, sollte sie ihren Zweck, die völlige Ausrottung der Ketzerei, erfüllen. Es ist schon berichtet worden, dass sich der neugegründete Dominikanerorden hierzu trefflich eignete.

Kam ein Inquisitor mit seinen Beamten und Dienern in einen Ort, so wurde das Volk von den Kanzeln aufgefordert, sich zu einer bestimmten Stunde zu versammeln, um die Predigt des Inquisitors zu hören. Wer erschien, durfte auf Ablass rechnen, wer fortblieb, auf Exkommunikation. Der Inquisitor setzte in seiner Predigt auseinander, dass die Inquisition von Gott eingeführt worden und dass Gott selbst der erste Inquisitor gewesen war, da er ja Adam und Eva wegen ihres vom Teufel verursachten Abfalles aus dem Paradiese verbannt und sie verurteilt hatte, ein Schandkleid aus Tierfellen zu tragen. Noch andere Vorgänger der Inquisition waren in der Heiligen Schrift entdeckt worden, nicht nur im Alten Testament, wo sich ja genug

Züchtigungen wegen Götzendienstes fanden, auch im Neuen Testament, etwa bei Paulus: „Einen ketzerischen Menschen meide, wenn er einmal und abermals ermahnt ist. Und wisse, dass ein solcher verkehrt ist und sündigt als einer, der sich selbst verurteilt hat" (Tit. 3, 10,11)[3]. – „Aber so auch wir oder ein Engel vom Himmel euch ein anderes Evangelium predigen wollten, denn als wir euch gepredigt haben, der sei verflucht!" (Gal. 1, 8)[4].(Freilich schreibt Paulus an die Thessalonicher 3, 15: „Haltet ihn nicht als einen Feind, sondern vermahnt ihn als einen Bruder.") – Ferner gibt es eine bildlich gemeinte Stelle im Evang. Joh. (15, 6)[5], auf die man sich gerne berief: „Wer nicht in mir bleibt, der wird weggeworfen wie eine Rebe und verdorrt, und man sammelt sie und wirft sie ins Feuer, dass sie verbrenne." – Ja man scheute sich nicht, die Inquisition von Jesus eingesetzt sein zu lassen, hatte er doch gesagt: „Weidet meine Schafe!"

Die Predigt schloss mit der Aufforderung, dass in den nächsten Tagen jeder, der etwas über Ketzer wüsste, kommen und berichten solle. Wer andere angab, erhielt drei Jahre Ablass, wer Wichtiges verschwieg, verfiel dem Kirchenbann. Gleichzeitig wurde eine Gnadenfrist von 15–30 Tagen verkündet, während welcher jedem Ketzer, der erscheinen und abschwören wollte, Gnade zugesichert wurde. Zwar ging er nicht frei aus, aber in den meisten Fällen, und gar wenn er noch andere Ketzer angab, kam er mit einer gelinden Buße davon. Jede Aussage wurde in Gegenwart zweier Zeugen zu Protokoll genommen und geheim gehalten, keiner, der aus seinem Haus in den Kerker geholt wurde, erfuhr, wessen er beschuldigt war, wer ihn ins Unglück gebracht hatte, denn die Namen der Angeber und der Zeugen wurden ihm nicht genannt.

Es begreift sich, dass jedes Vertrauen unter den Menschen schwand, dass böswilligen und habgierigen Verleumdungen (der Angeber bekam eine Prämie vom konfiszierten Gut) die Tür weit geöffnet wurde; Kinder kamen, ihre Eltern verbotener Riten anzuklagen, Frauen gaben ihre Männer preis. Die größte Macht der Inquisition

---

3 Anm. des Verlags: Hier ist vermutlich der Brief des Paulus an Titus gemeint.

4 Anm. des Verlags: Hier ist vermutlich der Brief des Paulus an die Galater gemeint.

5 Anm. des Verlags: Hier ist vermutlich das Johannes Evangelium gemeint.

bestand in ihrem Schein von Allwissenheit und in dem Geheimnis, mit dem sie sich umgab. Alle, selbst die Verurteilten, mussten schwören, über das, was sie gesehen und gehört hatten, zu schweigen, und so war jeder Willkür der Weg frei, Sinnesart und Gutdünken des Richters entschieden allein. Der schriftstellernde Inquisitor Páramo leitet das Geheimnis des Inquisitionsprozesses daher, dass auch Gott als erster Inquisitor Adam und Eva in heimlichem Prozess verurteilt habe, ohne Zeugen einzuvernehmen.

Dem Inquisitor stand ein Notar oder Protokollführer zur Seite und eine Reihe von untergeordneten Beamten, die *„familiares"* hießen und sich mit der Zeit zu einer Geißel der Bevölkerung auswuchsen, weil sie als Organe der Inquisition viele Vorrechte genossen, schwer gefasst werden konnten und oft genug auf eigene Faust Gewalttaten und Erpressungen verübten. So waren nicht nur die Inquisitoren Bedrücker des Volkes, sondern auch ihre Handlanger.

Da die Inquisitoren oft recht unwissend waren, auch in Angelegenheiten der Religion, wurden ihnen Sachverständige zur Seite gegeben, deren Meinung jedoch nur dann Beachtung fand, wenn es den Inquisitoren passte.

Der wegen Ketzerei Denunzierte wurde vorgeladen oder ins Gefängnis gebracht. Damit war sein Schicksal eigentlich schon besiegelt: leugnete er, so hatte er sich als hartnäckigen Ketzer erwiesen, dem der Scheiterhaufen bevorstand, bekannte er seine Schuld und bekundete er Reue, so wurde er lebenslänglich eingekerkert (oft aber nach ein paar Jahren mit geistlichen Bußen unter selbstverständlicher Vermögenskonfiskation entlassen). Im Gegensatz zu allem modernen Rechtsgefühl, war es die Überzeugung der Inquisition, dass der der Ketzerei Verdächtigte auch wirklich ein Ketzer, dass der Beschuldigte ein Schuldiger sei. Beim Beginn der Verhandlung, die mit einem Gebet eröffnet wurde, musste der Angeklagte schwören, dass er auf alle Fragen wahrheitsgemäß antworten, dass er alle ihm bekannten Ketzer verraten und jede Buße auf sich nehmen wollte. Verweigerte einer diesen Eid, so hatte er sich auch schon als verstockten Ketzer zu erkennen gegeben. Über das Verfahren, wodurch der Beschuldigte seiner Ketzerei zu überführen war, gab es zwar allerlei Anweisungen und Formelsammlungen, aber keine eigentlichen Vorschriften; wie der Richter die Wahrheit finden sollte, war seine Sache, wenn er sie nur fand, das heißt den Beschuldigten zum Geständnis seiner Ketzerei brachte. Der Triumph des Inquisitors war ein Geständnis zu erlangen, und hierzu war jedes Mittel recht: langwährende Einzelhaft, Hunger, die seelische Qual der Ungewissheit, die Folter. In dem Gedicht eines provenzalischen Mönches spricht der Inquisitor zum Ketzer:

Und wenn du jetzt nicht beichtest, ist jede Hoffnung tot,
Der Scheiterhaufen flackert, die Flammen züngeln rot.
Das Horn gellt durch die Gassen, schon kommt das Volk gerannt,
Um das Gericht zu schauen – denn jetzt wirst du verbrannt!

Den hartnäckigen Leugner zu fangen, legte ihm der Inquisitor Schlingen mit zweideutigen und dem gemeinen Mann unverständlichen Fragen, eifrige Inquisitoren arbeiteten Musterformulare für Verhöre aus, in denen sich zuverlässig jeder Ketzer verfing – allerdings auch jeder Rechtgläubige, wenn er nicht zufällig Theologe, Scholastiker und Rechtsgelehrter war. In *„Lettres des Consuls du Bourg de Narbonne á ceux de Nîmes 1234"* lesen wir: „Die Inquisitoren legen ungebildeten und einfältigen Menschen folgende Fragen vor: ‚Glaubst du, dass, wenn ein Weib empfängt, dies durch Gott oder durch den Menschen geschieht?' – Wird geantwortet: ‚Durch den Menschen‘, so heißt es: ‚Also bist du ein Ketzer. Denn die Ketzer sagen, dass der böse Geist und der Mensch, nicht aber Gott den Menschen mache.‘ – Sagt er: ‚Durch Gott geschieht es‘, so heißt es: ‚Du glaubst also, dass Gott ein Weib geschlechtlich erkenne, und bist demnach ein Ketzer!'" – Mancher gestand sogleich, was man hören wollte, um wenigstens dem Scheiterhaufen zu entrinnen. Hatte ein Ketzer alle seine Verirrungen bekannt, bereute er sie und bat er, wieder mit der Kirche versöhnt zu werden, so feierte der Inquisitor seinen Sieg. Der Teufel war um eine Seele geprellt worden, durch den Eifer des wahren Gottesknechts.

Da es Aufgabe des Inquisitors war, nicht nur die Handlungen, die auf Ketzerei hindeuteten, sondern auch die Gedanken auszuforschen – er war Ankläger, Richter und Beichtvater in einer Person –, so geschah es oft genug, dass ein Rechtgläubiger, der alle Bräuche streng beobachtete und gegen den nichts vorlag als die Denunziation eines

Menschen, der vielleicht sein persönlicher Feind war, wegen „Verdachtes der Ketzerei", wenn schon nicht wegen der Sünde der Ketzerei verurteilt wurde, und der Verdacht der Ketzerei, der sonderbarerweise schon als Verbrechen galt, oder wenigstens die Begünstigung anderer Ketzer konnte in einem Land, das religiös zwiegeteilt war wie Südfrankreich, so ziemlich jedem imputiert werden. Mit der Freisprechung eines Menschen, der schon in ihrem Kerker saß, hätte ja die Inquisition einen Missgriff bekannt, und selbstverständlich zog sie es vor, einen Unschuldigen zu bestrafen. Der Verdacht der Ketzerei hatte drei Abstufungen: der leichte, der schwere, der erdrückende Verdacht, und da gab es reiche Gelegenheit zu mancherlei Spitzfindigkeiten, wie sie dem Juristen und dem Theologen anstehen.

War einer, den man vorlud, außer Landes, so galt dies als Flucht vor dem Gerichte, selten entging er der Verurteilung und der Gefangennahme; war einer gestorben, ehe man ihm den Prozess hatte machen können, so konnte man sich noch immer an seine Knochen halten – und an seine Erben.

Oft war einem Beschuldigten nicht das Geringste nachzuweisen, und die Handbücher lehren, wie man in solchen Fällen zu verfahren hätte: man möge etwa sagen, dass ohnehin schon alles durch Zeugen erwiesen sei; oder der Gefängniswärter sollte den Beschuldigten aushorchen; oder es wurde ihm einer als Mitgefangener in die Zelle gesetzt, der aber in Wirklichkeit ein Familiar der Inquisition war. Hinter der Türe stand der Notar und zeichnete auf, was der Geängstete etwa hören ließ.

Das schrecklichste Mittel, über das die Inquisition verfügte, war aber die endlose Untersuchungshaft und die Ungewissheit, in der der Angeklagte, abgesperrt von der Welt, über sein Schicksal gehalten wurde. Zwischen der Gefangensetzung und der Fällung des Urteils lagen häufig fünf und zehn Jahre, die der Wehrlose mit Kettenbeladen zubrachte. Man begreift, dass auch der völlig Unbeteiligte lieber ein Ketzer sein wollte, als diesen Zustand weiter ertragen.

Der Versuch, ein Geständnis durch die Folter zu erpressen, war dem frühen Mittelalter und der Praxis der Kirche unbekannt gewesen. Dieses Mittel entstammte dem römischen Recht und wurde in Italien ungefähr vom Jahre 1230 an gehandhabt. Innocenz IV. befahl 1252, die

Folter zur Entdeckung der Ketzerei anzuwenden, jedoch sollte sie aus den bekannten Gründen nicht vom Inquisitionsgericht selbst, sondern in dessen Auftrag von der weltlichen Behörde durchgeführt werden. So wäre aber die Geheimhaltung, der Nerv des Inquisitionsverfahrens, unmöglich gemacht worden, und Alexander IV. ermächtigte schon vier Jahre später die Inquisitoren, nach ihrem Ermessen zu Folter, um die Irregularität zu vermeiden – denn nicht selten starb einer während der Prozedur –, sollte ein Inquisitor dem anderen Dispens erteilen. Durch die päpstliche Inquisition ist die Folter über ganz Europa verbreitet worden und auch in das weltliche Gerichtsverfahren übergegangen, wo sie erst gegen das Ende des 18. Jahrhunderts erlosch. Einige Male haben Fürsten und Päpste die Grausamkeit dieses Verfahrens einzudämmen versucht, doch ohne Erfolg, denn mit ihr hatte die Inquisition ein Mittel in die Hand bekommen, die jahrelangen Prozesse mit ihrem Wust von Protokollen abzukürzen und rasch ein Geständnis zu erlangen. Uneinigkeit bestand nur darüber, ob die Aussage zweier Zeugen zur Folterung nötig wäre oder ob einer genügte oder vielleicht auch ein bloßes Gerücht.

Oft reichte der Anblick der Folterwerkzeuge hin, den Angeklagten zu einem Geständnis zu bewegen. Erfolgte das Geständnis erst in der Tortur, so musste es nachher wiederholt werden, damit im Protokoll die Klausel erscheinen könnte, der Beschuldigte hätte freiwillig und ohne jegliche Anwendung von Gewalt sein Verbrechen gestanden. Wurde später das Geständnis widerrufen, so führte man den Angeklagten zur „Fortsetzung" – aber nicht zur „Wiederholung" der Folter, denn sie durfte nur einmal angewendet werden. Ein neuerlicher Widerruf des Geständnisses war eine Verlegenheit fürs Gericht; es begab sich zuweilen, dass solch einer mit einer Kirchenbuße davonkam, aber meistens zog man vor, den Widerruf als einen Rückfall in die schon einbekannte Ketzerei zu betrachten, und der „rückfällige Ketzer" war ohne Gnade dem Scheiterhaufen verfallen.

Nicht nur der Angeklagte, auch die Zeugen wurden gefoltert, wenn man vermutete, dass sie mehr wussten, als sie sagen wollten. Falsche Zeugen wurden so schwer wie Ketzer bestraft, sie mussten lebenslänglich das Schandkleid tragen.

Da dem Beschuldigten weder sein Verbrechen noch die Angeber und Zeugen genannt wurden, war ihm jede Verteidigung fast unmöglich gemacht, obgleich es hierüber allerlei Vorschriften zu seinen Gunsten gab. Nur wenn einer den Denunzianten erriet, konnte er einen Einwand gegen ihn vorbringen. Der Angeklagte hatte nach der Prozessordnung wohl das Recht, Entlastungszeugen zu nennen, doch wurde dies in der Praxis bis aufs Äußerste erschwert. Selbstmord im Gefängnis galt für ein Bekenntnis der Schuld ohne Reue, während Geisteskrankheit das Los eines Beschuldigten milderte. Es kam vor, dass die Inquisition selbst einen Häftling für wahnsinnig erklären ließ, wenn sie nämlich mit seiner Festnahme einen allzu offenkundigen Missgriff begangen hatte.

Im Prinzip konnte jedermann vom Urteil des Inquisitionsgerichts Berufung an den Papst einlegen, aber begreiflicherweise war dies ein Weg, der nur wenigen großen Herren offenstand.

Ein Kenner der Verhältnisse, Bernhard Délicieux, sagte zu König Philipp dem Schönen, als er nach dem Süden gekommen war: „Wenn die Apostel Petrus und Paulus wegen der Anbetung eines Ketzers angeklagt und von der Inquisition verfolgt würden, so gäbe es auch für sie kein Mittel, sich zu verteidigen. Nach ihrem Glauben befragt, würden sie zwar antworten wie die Magister der Theologie, wollte man ihnen aber sagen, sie hätten Ketzer angebetet, und sie bäten, dass man ihnen Namen und Zeit und Ort nennte und die Zeugen dazu, die solches behaupteten, so würde man ihnen keine Antwort geben. Wie sollten sich nun die Apostel verteidigen, zumal da jeder, der ihnen helfen möchte, eine Anklage wegen Begünstigung der Ketzerei zu gewärtigen hätte?"

9

Die Inquisition war eingesetzt worden, um die Ketzerei zu vertilgen, entweder durch die Bekehrung des Ketzers oder durch seine Vernichtung. So mussten die Strafen, die verhängt wurden, eigentlich nicht Strafen im üblichen Sinne sein, sondern Bußen, dem Sünder zur Besserung auferlegt. Wurde einer etwa bis an sein Lebensende eingekerkert, so galt dies als ein heilsames Mittel, ihn durch Nachdenken zum wahren Glauben zu führen und seine Seele dem Himmelreich zu retten. Floh er aus dem Gefängnis, so wies er frevelhaft die Buße von sich. Dies war jedoch eine müßige Theorie, und die meisten Verurteilungen konnten nur als Strafen wirksam sein. Eine Pilgerfahrt nach Campostela oder Jerusalem mochte zwar als geistliche Buße gemeint sein, hatte aber in der Regel den Ruin des Betroffenen und seiner Familie, oft seinen Tod zur Folge. Bis ans Lebensende ein riesiges Kreuz auf dem Kleide zu tragen, bedeutete natürlich bürgerliche Entehrung und Entrechtung. Es gab auch leichte kirchliche Strafen, wie Fasten und Messehören, aber am häufigsten verhängte man doch Gefängnis, hohe Geldbuße, Konfiskation des Vermögens, Verbrennung. Loskauf durch Geld war nicht selten. Der Ketzer, der sich aus Furcht vor dem Scheiterhaufen bekehrt hatte, musste, dies hat Gregor IX. ausdrücklich festgesetzt, lebenslänglich gefangen gehalten werden, der rückfällige Ketzer wurde ohne weiteres Verhör verbrannt.

Das beschlagnahmte Vermögen des Ketzers wurde nach verschiedenen Schlüsseln zwischen Kirche, Staat und städtischen Behörden aufgeteilt; sogleich bei der Verhaftung, und wäre sie auch noch so wenig begründet gewesen, bestimmte das Gericht einen Sequester, dessen Pflicht es war, genaue Aufschreibungen über den Vermögensbestand des Angeklagten zu führen und etwaige Forderungen einzuziehen. Die Familie wurde brotlos, die Einsetzung des Vermögensverwalters war ja schon fast gleichbedeutend mit der Beschlagnahme. Durch diese rücksichtslos gehandhabte Maßregel, legte die Inquisition in wenig Jahrzehnten den ganzen Verkehr des Landes lahm, und gar der Prozess gegen einen Toten und die damit verbundene Konfiskation alles dessen, was er, vielleicht vor Jahren, hinterlassen hatte, setzte jedermann in die Gefahr, herausgeben zu müssen, was er einst von dem nunmehr wegen Ketzerei verfolgten Toten ehrlich erworben hatte.

Aus dem Erträgnis dieser Konfiskationen wurden die Kosten der Inquisition bestritten, und die Fürsten fuhren nicht schlecht dabei.

„Die Stetigkeit der Verfolgung beruhte im Wesentlichen auf der Konfiskation, denn diese allein lieferte den Brennstoff, um das Feuer des Glaubenseifers immer wieder anzufachen; wenn der Stoff ausging, war die Verteidigung des Glaubens recht kläglich." – So urteilt H. Ch. Lea, der beste Kenner des Gegenstandes. Es ist vorgekommen, dass die Inquisitoren einen behördlichen Wink empfingen, etwas eifriger zu konfiszieren, denn da und dort rechnete man schon stark mit dem geraubten Gut.

War das ganze Verfahren des Inquisitionsgerichtes von strengem Geheimnis umgeben gewesen, so wurde das Urteil vor allem Volke mit großer Feierlichkeit verkündet, die verhängten Strafen öffentlich und mit dem ganzen Pomp eines Volks- und Kirchenfestes vollzogen: das berühmte *Auto de fe* (*Actus fidei*, die Feier des Glaubens; *Auto de fe* ist die spanische Form, uns ist die portugiesische *Auto da fe* geläufiger). Zu einem solchen Auto, das einmal oder mehrere Male im Jahr abgehalten wurde, strömte das Volk von weit her zusammen, mit der Hoffnung, recht viele Ketzer brennen zu sehen, das war ja ein Schauspiel, nicht nur aufregend und begeisternd, sondern auch nützlich für die Seele; wer Holz zum Scheiterhaufen herbeitrug, durfte auf vollkommenen Ablass rechnen.

Zu Beginn des Autos hielt der Inquisitor eine Rede in der Sprache des Volkes, die Behörden, die anwesend zu sein hatten, schworen dem Heiligen Officium Gehorsam, wer ihm zuwiderhandeln sollte, wurde mit dem Kirchenbann bedroht. Hierauf las der Notar des Gerichts die Geständnisse der Sünder vor, einer nach dem anderen wurde gefragt, ob er bereuen und abschwören wollte. Diese Abschwörung der Ketzerei hatte drei Grade, den leichten, den schweren und den sehr schweren, und fand oft erst am nächsten Tag in einer Kirche statt. Gab es jedoch verstockte und rückfällige Ketzer, die „relaxiert", dem weltlichen Arm „überlassen" wurden, d.h. zur Verbrennung bestimmt waren, so wählte man einen öffentlichen Platz, um die Kirche nicht durch ein Todesurteil zu entweihen. Die reuigen Ketzer wurden absolviert und erhielten ihre Strafe. Doch gab es Fälle, wo auch der Reuige, der sich als rechtgläubig bekannte, zum Scheiterhaufen verurteilt wurde, so wenn sich zwei Zeugen fanden, die gesehen hatten, wie er einen „vollkommenen Ketzer" (einen Ketzerbischof oder Heiligen) angebetet hatte; oder wenn einer zum zweiten Mal, d.h. als ein Rückfälliger, um Wiederaufnahme in die Kirche bat.

Eine der Wendungen, mit der man die Verurteilten relaxierte, ist schon angeführt worden (S. 26). B e r n h a r d G u i d o n i s sagt in seinem Handbuch: „Zweck der Inquisition ist die Zerstörung der Ketzerei. Die Ketzerei kann aber nur durch die Vernichtung der Ketzer zerstört werden. Auf zweierlei Art kann dies geschehen: erstens indem sie zur katholischen Religion zurückkehren und zweitens indem sie dem weltlichen Gericht überliefert und körperlich verbrannt werden. Bleibt der Ketzer hartnäckig, so soll er in Gegenwart der weltlichen Behörde abgeurteilt und dem weltlichen Arm übergeben werden, um die ihm gebührende Strafe, den Verbrennungstod nämlich, zu empfangen. Bekehren sich Ketzer nach Fällung des Inquisitionsurteils, so ist anzunehmen, dass sie die Furcht vor dem Tode hierzu bewogen hat. Rückfällige Ketzer sind ohne jedes Gehör dem weltlichen Arm zu überliefern." – Eine andere Autorität, Nikolaus Eymeric, sagt: „Mag die Reue eines rückfälligen Ketzers auch noch so groß sein, so ist er doch dem weltlichen Arm zur Hinrichtung zu übergeben." – Und Pegna, ein päpstlicher Theologe des 14. Jahrhunderts: „Auch wer sein Verbrechen beharrlich leugnet und den heiligen katholischen Glauben beharrlich bekennt, muss, wenn er von Zeugen der Ketzerei überführt wird, wie die übrigen Ketzer dem weltlichen Arm zur Bestrafung übergeben werden ... Niemand sage, dass er auf diese Weise ungerecht verurteilt wird, noch beklage er sich über die Kirche. Sollte er etwa durch falsche Zeugen überführt worden sein, so trage er es gleichmütig und freue sich, dass er für die Wahrheit den Tod hat erdulden dürfen."

Als sich im Jahr 1237 die Konsuln von Toulouse weigerten, sechs Ketzer zu verbrennen, verhängten die Inquisitoren zusammen mit dem Bischof den großen Kirchenbann über sie. Die Inquisition blieb Siegerin (wie auch später noch in Italien und Deutschland bei ähnlichen Zwisten).

10

Zum Schluss noch einen Blick auf die Inquisition in den anderen Ländern Europas. In den skandinavischen Staaten und in England hat es niemals eine päpstliche Inquisition gegeben, jedoch sind in England Ketzer von den Bischöfen verurteilt und auf Befehl des Königs hingerichtet worden.

In Deutschland wurde die Inquisition etwa um hundert Jahre später als in Frankreich, Italien, Aragon, Flandern eingeführt und hat hier trotz mancher Grausamkeiten nie so recht Wurzel schlagen wollen. Ignaz von Loyola, der Stifter des Jesuitenordens, gab Kaiser Ferdinand Ratschläge, wie die Ketzerei am besten zu bekämpfen wäre, und schließt: „Ich spreche nicht von der Verhängung der Todesstrafe gegen Ketzer und von der Einführung der Inquisition, weil sie über die Fassungskraft Deutschlands zu gehen scheint."

Als im Jahre 1212 Bischof Heinrich von Veiringen eine größere Ketzergemeinde in Straßburg entdeckte und sie vor sein Gericht zog, wusste er nicht, was er mit denen anfangen sollte, die bei ihrer Ketzerei verharrten; denn die Methoden der Inquisition waren noch unbekannt. Man versuchte es mit dem altgermanischen Gottesurteil und verbrannte hernach achtzig Ketzer, gegen die es entschieden hatte. Das war jedoch der Willkürakt eines eifrigen Bischofs und nicht ein Urteil regulärer Inquisitionsgerichte.

Im Jahr 1231 sandte Gregor IX. die Statuten der neu eingerichteten Inquisition an die deutschen Bischöfe und befahl ihnen, sich mit der Angelegenheit zu beschäftigen. Schon früher hatte er dem Konrad von Marburg, einem düstern Fanatiker und asketischen Mönch, dem berühmten Beichtvater und Peiniger der heiligen Elisabeth von Thüringen, uneingeschränkte Vollmachten erteilt, das verkommene Priestertum zu bessern, die Inquisition einzurichten und nach den eben erlassenen Gesetzen Kaiser Friedrichs II. mithilfe der weltlichen Behörden alle Ketzer zu verbrennen. Konrad zögerte nicht, machte einige Dominikaner zu Inquisitoren und zündete auch etliche Scheiterhaufen an, aber nicht nur der Adel leistete Widerstand, sondern auch die Bischöfe, die ihre alten Befugnisse nicht den Mönchen überlassen wollten. Der starre Mann siegte über alle Hindernisse, wurde aber 1233 von einigen Herren, gegen die er das Volk aufgereizt hatte, erschlagen. Die Bischöfe blieben lässig, und die Inquisition schlief langsam ein.

Es gab überall Stille im Land, Grübler, Bibelleser und Mystiker, sie nannten sich Begharden, Beguinen, Luciferianer, Ortlieber, Almaricianer und anders; im 14. Jahrhundert erreichte die unterirdische Bewegung, die mit der Kirche nur selten hart zusammenstieß, ihren Höhepunkt in der Bewegung der Gottesfreunde. Sie standen mit den deutschen Mystikern und Pantheisten im Zusammenhang. Der größte unter allen, Meister Eckehart, auf den unsere Zeit mit Ehrfurcht blickt, wurde der Inquisition, die wieder an der Arbeit war, verdächtig. Sein Prozess zog sich (von 1326 an) lange hin, einmal wurde er freigesprochen, dann brach ein Streit aus, ob er als Dominikanerprior von Bischöfen oder von Inquisitoren zu richten wäre. Eckehart predigte vor allem Volk und, ein unerhörter Fall, legte in deutscher Sprache seine Lehren dar, die mit denen der Kirche, wie er meinte, nicht im Widerspruch ständen. Nach seinem Tode (1329) wurde der Prozess von der päpstlichen Kurie zu Ende geführt und siebzehn Sätze als ketzerisch, elf als der Ketzerei verdächtig verurteilt. Die Kirche hatte den größten Genius des deutschen Mittelalters, der ebenbürtig neben seinem Zeitgenossen Dante steht, verflucht.

Von 1353 an gab sich Innocenz VI. alle Mühe, eine reguläre Inquisition in Deutschland einzuführen, und fand an Kaiser Karl IV. energische Hilfe. Zu einer Zeit, da die Inquisition in den anderen Ländern schon ihre Macht verloren hatte, wurden in Deutschland Inquisitionsgerichte eingesetzt, denen eine eigene kaiserliche Behörde zur Seite stand, aber trotz strengen Verordnungen hat die Sache nie so recht in Schwung kommen wollen.

Zu Beginn des 16. Jahrhunderts versuchte die Inquisition den neuen Humanismus zu bekämpfen und zog Johannes Reuchlin vor ihr Gericht. Aber er wandte sich an Papst Leo X., der selbst ein gebildeter Humanist war, und wurde völlig freigesprochen und rehabilitiert. Gegen Luther erwies sich die Inquisition als machtlos, ihre Zeit war abgelaufen. Leo X. hatte 1520 den Satz Luthers: „Die Ketzer zu verbrennen, ist gegen den Heiligen Geist" ausdrücklich verdammt, aber die Machtmittel Roms reichten nicht mehr hin, die deutsche Ketzerkirche zu vernichten. Als im Jahre 1523 zwei lutherische Augustinermönche verbrannt wurden, da ertönte die Stimme Luthers: „Ein neues Lied wir heben an" – es schallte durch Deutschland und durch ganz Europa:

„Die Aschen will nicht lassen ab,
Sie stäubt in allen Landen.
Der Sommer ist hart für der Tür,
Der Winter ist vergangen.

Die zarten Blümlein gehn herfür.
Der das hat angefangen,
Der wird es wohl vollenden."

Die Inquisition war tot, aber in Spanien wurde eine neue Inquisition aufgerichtet – für dreihundert Jahre.

ZWEITES KAPITEL

TORQUEMADA UND DIE SPANISCHE STAATSINQUISITION

1

Schon vor der Einführung der päpstlichen Inquisition erließ König Alfons II. von Aragon 1192 ein Edikt gegen die Ketzer, das erste in Westeuropa. Darin wurden alle von der Kirche verurteilten Ketzer für Feinde des Staates erklärt und aus dem Lande gewiesen; wer Ketzern Unterkunft gab oder sie sonst wie begünstigte, machte sich strafbar. Pedro II. fügte 1197 diesem Gesetz die Strafe des Scheiterhaufens für Ketzer hinzu, derselbe König, der Raimund von Toulouse gegen die päpstlichen Heere unterstützte und hierbei fiel.

Im Verlaufe der Albigenser-Kreuzzüge flüchteten viele Waldenser und Katharer aus Südfrankreich nach dem benachbarten Aragon, im Jahr 1226 verbot Jakob I. allen Ketzern, sein Reich zu betreten. Sechs Jahre später erließ Gregor IX. eine Bulle, welche die päpstliche Inquisition in Aragon einsetzte; neben den Dominikanern sollte sie von Bischöfen und königlichen Beamten ausgeübt werden (sodass man schon hier die spätere spanische Staatsinquisition vorgebildet sehen kann). Aber die Verbrennungen blieben auf dem Papier, und als ein paar Jahre später in Palencia einige Ketzer gefunden wurden, wusste man nicht, was mit ihnen beginnen, und wandte sich an Gregor IX., der befahl, sie mit der Kirche zu versöhnen, da sie Reue gezeigt hatten; Ferdinand III. der Heilige ließ sie im Gesicht als Ketzer brandmarken.

1238 wurden Dominikaner und Franziskaner als Inquisitoren für Aragon und Navarra bestellt, bald darauf schloss Urban IV. die Franziskaner aus und ließ die Dominikaner allein walten. Das Verfahren unterschied sich wenig von dem in Südfrankreich üblichen, jedoch war der Eifer gering, die Tribunale beschränkten sich auf wenige Städte.

Die übrigen Provinzen Spaniens, Castilien und Leon vor allem, blieben von der Inquisition frei. Die Könige von Castilien hatten schon früh den Ehrgeiz besessen, allein und ohne die Hilfe Roms über die Reinheit des Glaubens zu wachen. Merkwürdigerweise hat sich dieses allerkatholischste Land auch in den folgenden Jahrhunderten von der Herrschaft der Päpste freier gehalten als alle anderen Länder, das kanonische Recht hat in Castilien niemals Geltung besessen. Der nationale Held, der berühmte Cid Ruy Diaz, wies dem Papst seine Forderungen ins Gesicht zurück, Befehle des Papstes wurden in Castilien unbeachtet übergangen, selbst von Bischöfen. Castilien war das einzige Land des katholischen Europa, das niemals Geld nach Rom sandte.

Im Jahre 1325 hoben die Cortes (Ständevertretungen) von Aragon, mit Zustimmung des Königs, Inquisition und Folter, die vom Papst eingesetzt worden waren, auf, sie wollten nicht dulden, dass eine fremde Macht im Land schalte. Jedoch geriet dieses Verbot wieder in Vergessenheit.

Der Inquisitor von Aragon Nikolaus Eymeric gab 1376 sein *„Directorium inquisitorum"* heraus (das schon angeführt worden ist); es hat für die ganze Dauer der Inquisition maßgebende Bedeutung bewahrt. Die alte spanische Inquisition hatte sich keiner allzu großen Wirksamkeit zu rühmen, der Spanier war und ist katholisch und neigt wenig zur Ketzerei, die Prozesse, die geführt wurden, richteten sich meist gegen fremde Flüchtlinge. Auch im 16. Jahrhundert, als der Protestantismus ganz Europa in Bewegung setzte, haben die emsigen und wohlorganisierten spanischen Inquisitionsgerichte nicht mehr als zwei Gemeinden mit etwa zweihundertzwanzig Mitgliedern auffinden können, und man darf glauben, dass ihnen keine Ketzerseele entgangen ist.

2

Im Jahre 1474 bestiegen Isabella und ihr Gemahl Ferdinand den Thron von Castilien, 1479 erbte Ferdinand das Königreich Aragon dazu. Diese beiden Herrscher haben das neue Spanien begründet und es zur Vormacht Europas erhoben. Ihr Enkel Karl I., als deutscher Kaiser Karl V., hat über ein Reich geherrscht, in dem die Sonne nicht unterging.

Isabella war eine bigotte Frau, die unter dem Einfluss ihres Beichtvaters Fray Thomas de Torquemada[6] (Turrecremata), Priors des Dominikanerklosters von Santa Cruz in Segovia, stand. Schon ehe sie den Thron bestieg, hatte sie ihm ein Gelübde in die Hände gegeben, dass sie als Königin Unglauben und Irrglauben in Castilien ausrotten und dass sie nicht ruhen wollte, ehe nicht jeder Bewohner ihres Landes ein treuer Sohn der katholischen Kirche geworden wäre. Ihr Gemahl Ferdinand, ein kalter, grausamer, nur auf seine Macht bedachter Fürst, und Isabella haben den letzten Thron maurischer Herrscher auf der Halbinsel zerbrochen, haben, ohne ihrer Eide zu achten, mit Schwert und Scheiterhaufen Mauren und Juden zum katholischen Glauben gezwungen und, um dies zu erreichen, gemeinsam mit dem Papst eine neue Inquisition gegründet. Ein Glaube, eine Sprache, ein König sollten in ihrem Reiche herrschen. Für ihr Wirken hat ihnen der Papst den Beinamen „Die katholischen Könige" verliehen. Unsichtbar, aber unentrinnbar steht hinter ihnen der gewaltige Mönch Torquemada.

Isabella von Castilien

---

6   Anm. des Verlags: Üblicher ist folgende Schreibweise: „Tomaś de Torquemada".

Die Araber, Berber, Mauren und anderen semitischen und negroiden mohammedanischen Völkerschaften, die man unter dem Namen Mauren zusammenzufassen pflegt, sind vom Jahre 711 an aus Afrika herübergekommen und haben allmählich den größten Teil der Halbinsel von Kelten, Iberern, Basken, Romanen, alle unter der Herrschaft der Westgoten, erobert, nicht immer mit dem Schwert, sondern auch mit den geistigen Waffen ihrer dem damaligen barbarischen Europa überlegenen Kultur. Sie tasteten Glauben und Kult der unter ihrer Herrschaft lebenden Christen nicht an, duldeten Kirchen und Synagogen neben Moscheen, den Bischof neben dem Imam. Drang einmal im Lauf der Jahrhunderte ein wilder und fanatischer Wüstenstamm über die Meerenge, dann wurden freilich die Christen bedrängt – aber nicht weniger die mohammedanischen Könige, die in Schönheit, Verweichlichung und Märchenpracht lebten. Das waren jedoch nur Zwischenspiele, die bald wieder versanken, um der Blüte arabischen Geistes, arabischer Dichtung und Baukunst Platz zu machen. Die *Muladi*, die zum Islam bekehrten Christen, aber auch die treu gebliebenen Christen konnten hohe Würden am Hof und im Staat erlangen, einen Glaubens- und Rassenkampf hat es in diesen mohammedanischen Fürstentümern nicht gegeben, und auch die selten aussetzenden Kleinkriege zwischen den maurischen und christlichen Reichen waren nicht – wie es die spätere tendenziöse Überlieferung und Dichtung umfärben wollte – Glaubenskriege, sie unterschieden sich nicht wesentlich von den Kämpfen christlicher und mohammedanischer Fürsten untereinander. Romanische und spanische Balladen feiern die Ritter des Halbmondes, christliche Herren dienen freiwillig den Moslim, in spanischen Heeren kämpfen Mauren. Dazu kam ein ausgebreiteter Handelsverkehr und ein Zustrom geistiger Güter aus den mohammedanischen Reichen nach Spanien und nach ganz Europa. Wer im ersten Jahrtausend hohe wissenschaftliche Bildung gewinnen wollte, musste nach Cordoba pilgern, wo eine wahrhaft hohe Schule bestand, wo die größten Büchersammlungen der Welt zu finden waren. Christliche Herrscher haben maurische Ärzte, maurische Erzieher für ihre Söhne berufen.

Wie Christen ungekränkt in den mohammedanischen Reichen, so lebten Moslim unter christlicher Herrschaft, man nannte sie „Mude-

jares". Als Alfons VI. 1085 Toledo von den Mauren eroberte, legte er sich stolz den Titel „Herrscher über zwei Religionen" bei und gab Mohammedanern und Juden gleiche Rechte mit den Christen. Dieser Zustand währte, mit Schwankungen, etwa zwei Jahrhunderte lang, und die Christen fuhren nicht schlecht dabei, denn sie lernten in Landwirtschaft, Kunstgewerbe, Naturwissenschaften und schriftlichem Verkehr vieles von der reiferen Kultur.

Ferdinand von Aragonien

Das 13. Jahrhundert ist die Zeit, da sich in der Seele des europäischen Menschen allenthalben neue Kräfte regten, religiöse Sekten entstanden und die neue weltliche Kultur mit Dichtung, Kunstübung und Frauenliebe. Es war die Zeit der großen religiösen Begeisterung – und ihrer Kehrseite, des Fanatismus und des Glaubenshasses. Kaum hatte bis dahin noch die Meinung bestanden, dass alle Menschen einen einzigen Glauben bekennen müssten, nun bemächtigte sich wie eine letzte Wahrheit diese Überzeugung der Seelen, sie hat manches Große geschaffen, aber auch viel Unglück in die Welt gebracht.

Dieser neue Geist offenbarte sich nirgends so entschieden wie in Spanien, wo zwei mächtige Rassen und Religionen nebeneinander lebten. Als König Alfons IX. im Jahre 1212 die Stadt Ubeda einnahm, erboten sich dreitausend mohammedanische Einwohner, ihm einen hohen Tribut zu zahlen, um ungestört unter christlicher Herrschaft leben zu dürfen. Der König fand nichts Arges an dem Vorschlag, aber der Bischof setzte es durch, dass man die Besiegten tötete oder in die Sklaverei verkaufte. König Jakob I. von Aragon gedachte nach der Eroberung der Balearen 1248 duldsam gegen die Moslim vorzugehen, aber Innocenz IV. zwang ihn, sie zu Sklaven zu machen. Wo die christlichen Fürsten unbehindert waren, ließen sie den Mudéjaren Freiheit der Religion, ihr angestammtes Recht und alles Gut. Die Bischöfe jedoch drangen überall auf Bekehrung. Sie stellten den Königen vor, dass mehrmals am Tag ein falscher Gott von den Minaretten ihrer Städte angerufen wurde, dass sie vor Gott die Verantwortung trugen, wenn Christen durch den Verkehr mit Ungläubigen befleckt würden und vielleicht dem Reich Gottes verlorengingen.

Schon früh hatte die Kirche jeden freundschaftlichen oder geschäftlichen Verkehr mit den Moslim verboten, aber dies widersprach allzu sehr den Bedürfnissen des Lebens, als dass es trotz der Androhung schwerer Strafen hätte erfüllt werden können. Man verordnete da und dort; dass die Mauren und die Juden in ein besonderes Stadtviertel (*Moreria* und *Juderia*), eingeschlossen würden, doch war die Vermischung schon zu weit vorgeschritten, als dass diese Maßregel hätte durchgeführt werden können. Auch als das lateranische Konzil 1216 befahl, Juden und Mohammedaner durch äußere Abzeichen kenntlich zu machen, wollten die Könige der spanischen Halbinsel von dieser Maßregel nichts wissen, die das Zusammenleben störte. Den katholischen Königen blieb es vorbehalten, die Scheidung im Blut ihrer Untertanen durchzuführen.

3

Als Ferdinand und Isabella 1492 Granada erobert und das letzte Reich der Mohammedaner auf spanischem Boden besiegt hatten, schworen sie für sich und alle ihre Nachfolger den Mauren feierlich zu, dass sie fortan friedlich, ungestört in Glauben, Recht, Sitte und Besitz nach ihren eigenen Gesetzen unter der neuen Herrschaft leben dürften, dass sie den christlichen Untertanen gleichgeachtet werden sollten. Mischehen waren frei, eine Christin, die einen Mauren heiratete, konnte ihren Glauben wählen. Die es jedoch vorzogen, auszuwandern, sollten auf königlichen Schiffen mit all ihrem Gut nach Afrika übergesetzt werden; die vorher geflüchtet waren, durften frei zurückkehren. Man nahm sogar gastlich die Mauren auf, die knapp vorher aus Portugal vertrieben worden waren.

Aber dieser Zustand währte nicht lang. Immer wieder stellte Torquemada den Königen vor, dass sie schwere Verantwortung vor Gott auf sich lüden, wenn sie nicht alles daran setzten, die neuen Untertanen vom falschen Glauben abzubringen und zu bekehren. Ein anderer Prälat, Ferdinand von Talavera, der als erster Erzbischof in Granada eingesetzt worden war, ein milder Priester, lernte arabisch und suchte predigend die Mohammedaner fürs Christentum zu gewinnen. Er erreichte nichts. Da wurde 1499 der Kardinal Ximenes de Cisneros herbeigerufen, der die Milde verwarf, die Mohammedaner zur Taufe zwang, die Widerstrebenden gefangen setzte. Dreitausend Mohammedaner wurden im ersten Jahre seiner Wirksamkeit getauft, fünftausend arabische Bücher verbrannt. Die Mauren erhoben sich, belagerten den Kardinal, und nur der Vermittlung Talaveras war es zu danken, dass sie die Waffen niederlegten. Jetzt hatte man einen Vorwand, alle Eide zu brechen und Gewalt anzuwenden. Den Mauren wurde die Wahl gestellt zwischen Taufe und Vertreibung. Niemand war da, der sie hätte in der Religion unterweisen können, zu der man sie zwang. „Das hieße Perlen vor die Säue werfen", meinte Ximenes, ihm kam es nur darauf an, dass sie dem Namen nach Christen würden. In Granada und der Umgebung der Stadt wurden fünfzig- bis siebzigtausend Mohammedaner getauft, nicht einzeln, sondern in Massen. Andere flohen ins Gebirge und rüsteten sich zum Widerstand. Ferdinand versprach ihnen neuerlich, dass sie ihren Glauben und ihren Besitz sollten bewahren dürfen. Aber es war nicht ernst gemeint, er verfolgte die Flüchtlinge in ihre Schlupfwinkel, neben dem Krieger ging der taufende Mönch. Die „Neuen Christen" oder „*Morisken*" wurden, soweit es möglich war, an der Flucht gehindert, man sicherte ihnen eine Frist von vierzig Jahren zu, während welcher sie mit dem neuen Glauben vertraut werden könnten. Bis dahin sollten sie von der Inquisition verschont bleiben, die eben gegründet worden war (und von der bald zu sprechen sein wird). Auch diese Zusage wurde gebrochen.

Kardinal Ximenes

Ximenes, von der Idee beherrscht, dass alle Bewohner des Landes wenigstens dem Namen nach Christen sein sollten, stellte nun auch die seit Jahrhunderten unter Christenkönigen lebenden Mohammedaner, die Mudéjaren, vor die Wahl: Taufe oder Auswanderung. Aber die Hindernisse, die man der Auswanderung dieses fleißigsten und fähigsten Teiles der Bevölkerung entgegensetzte, waren so groß, dass eine Wahl fast nicht blieb. In allen Städten wurden Leute, die das Christentum nicht kannten, in Massen getauft und so eine in allen ihren Gefühlen vergewaltigte Schicht von Menschen geschaffen, die notwendig einem Glauben feindlich sein musste, zu dem man sie mit Spießen getrieben hatte. Was sollten sie für eine Religion fühlen, deren Diener Liebe lehrten und Gewalt taten? Um diese *Morisken, Mudejares* und *Conversos*, Mohammedaner und Juden, die man zur Annahme des Christentums gezwungen hatte, zu überwachen, beim Katholizismus festzuhalten und zu bestrafen, wenn sie rückfällig werden sollten, – zu diesem Zweck wurde in den Jahren des Triumphs über das letzte maurische Reich die Inquisition gegründet, an der Staat und Kirche gleichmäßig Anteil hatten. Bevor dies erzählt wird, muss noch die Lage der Juden in Spanien und der Eifer Torquemadas, der sich hauptsächlich gegen sie gekehrt hat, kurz geschildert werden.

Als die Westgoten Herren in Spanien geworden waren, wurden immer wieder Gesetze gegen die Juden, die seit Römerzeit im Lande wohnten, erlassen. König Sisibut, der 612 auf den Thron kam, befahl, dass alle Juden seines Landes, auch wider ihren Willen, getauft werden sollten, wogegen allerdings der heilige Isidorus von Sevilla, der größte Kirchenlehrer Spaniens, Einspruch erhob. Schon damals wurde ihnen die Wahl zwischen Taufe und Auswanderung gestellt, und schon damals beargwöhnte man sie, dass es ihnen nicht ernst wäre mit dem neuen Glauben und dass sie dem Judentum heimlich weiter anhingen. Mancher wurde vor Gericht gezogen, wenn er im Verdachte des „Judaismus" stand, und verfiel einer Strafe. Das ist schon das Prinzip der Staatsinquisition, die Jahrhunderte später in Spanien geherrscht hat, und man wird zugeben müssen, dass es nicht der Eifer Torquemadas und der katholischen Könige allein gewesen ist, der den Grundsatz der Glaubenseinheit auf der iberischen Halbinsel durchzusetzen versuchte, dass die Neigung hierzu vielmehr schon von früher her bestanden haben muss. Es gibt eben Faktoren in der Entwicklung der Menschheit, die heimlich wirken und schlechterdings nicht zu erklären sind; denn es ist kaum einzusehen, warum Spanien das einzige Land Europas hat sein müssen, das etwa vom 5. bis ins 19. Jahrhundert die staatliche Autorität für berechtigt und verpflichtet gehalten hat, nicht nur die Handlungen, sondern auch Fühlen und Glauben seiner Bürger zu kontrollieren und zu beherrschen.

Es gelang den Westgoten nicht, alle Juden des Landes zu bekehren, ein Konzil von Toledo (694) ordnete die schwersten Maßregeln gegen sie an, die Konfiskation alles Eigentums, selbst die Hinrichtung. Die übrig geblieben waren, wurden christlichen Herren als Sklaven übergeben und konnten erst dann auf Freiheit hoffen, wenn sie Christen geworden waren. Man nahm ihnen ihre Kinder, um sie in christlichen Familien aufziehen zu lassen.

Die Westgoten hatten das Land mit den Waffen erobert und saßen als eine dünne Herrenschicht über dem unanalysierbaren Völkergemisch der Halbinsel. Sie wurden vielfach als Bedrücker empfunden, und als die Mauren vordrangen, atmeten nicht nur die Juden im Lande auf, die sich mit der bekannten Zähigkeit ihrer Rasse doch nicht hatten zwingen lassen, auch Teile der christlichen Bevölkerung begrüßten die Mauren als mildere Herren. Es ist schon gesagt worden, dass unter moslimischer Herrschaft Christen wie Juden Glaubensfreiheit genossen. Die Juden verstanden sich gut mit den Anhängern des Propheten (denen ja das Alte Testament heilig gilt), sie kamen vielfach zu Reichtum und Ehren. Auch in den christlichen Staaten der Halbinsel hatte sich ihre Lage verändert, die Könige gewährten ihnen, vielleicht durch die vordringenden Araber bewogen, wichtige Rechte, die jüdische Bevölkerung nahm rasch an Zahl und Reichtum zu. Das weckte neu die nie entschlummerte Abneigung und die Geistlichkeit verdächtigte die Feinde des Glaubens jeder Schandtat. Ein Mönch, San Vicente Ferrer aus Valencia, reiste von Stadt zu Stadt und hetzte in wilden Reden das Volk gegen die Mörder Christi auf, viele Juden wurden erschlagen, Tausende an einem einzigen Tage getauft. Diese *Conversos* oder *Maraños* heirateten in die ersten Adelshäuser; die Lunas, Mendozas, Villahermosas, die stolzesten unter den Granden, die Henriquez, von denen mütterlicherseits Ferdinand der Katholische stammte, hatten jüdisches Blut in den Adern. Conversos wurden Pfarrer, Äbte und Bischöfe, der Kardinal Juan de Torquemada, der Oheim[7] des ersten

---

7   Anm. des Verlags: Hier ist vermutlich Onkel gemeint.

Großinquisitors Thomas de Torquemada, der zweite Großinquisitor Diego Deza, Hernando de Talavera, Erzbischof von Granada – sie alle waren von jüdischer Abstammung. Der Argwohn, den das Volk gegen diese Neubekehrten hegte, schwand niemals ganz, man unterschied durch Jahrhunderte zwischen „alten" und „neuen" Christen, und der Religionshass, den der Klerus gepredigt hatte, wandelte sich allmählich zur Abneigung gegen die Rasse. Wie die eilig getauften Mauren, so wussten auch diese Conversos wenig vom Christentum und hielten, vielleicht ohne böse Absicht, weiter an ihren überlieferten Bräuchen fest. Manche von ihnen trachteten auch, ihre Kinder der Taufe zu entziehen, es entstanden allerlei Verordnungen, wie die Frauen zu beobachten wären, die ein Kind erwarteten. Jüdinnen durften keine Wehmütter sein, die christlichen Hebammen wurden zu Spioninnen der Geistlichkeit.

So war der Boden bereitet, staatliche Maßregeln gegen eine starke Schicht der Bevölkerung zu zeitigen, die zwar unter dem Namen „Morisken" und „Conversos" äußerlich zur katholischen Kirche gehörten, die man aber, gewiss nicht mit Unrecht, als deren geheime Feinde ansah. Die Inquisition wurde gegründet.

4

Das Baseler Konzil erteilte 1434 dem spanischen Bischof Alfonso de Santa Maria die Befugnis, alle Conversos, die an jüdischen Bräuchen festhielten, vorzuladen und zu bestrafen. 1451 entsandte Papst Nikolaus V. auf Ersuchen Juans II. von Castilien und seines Günstlings Alvaro de Luna drei Kleriker, um gegen die neuen Christen, die im Verdacht des „Judaisierens" standen, vorzugehen, sie gefangen zu legen, ihr Gut zu beschlagnahmen und sie, falls überführt, dem weltlichen Arm zur Verbrennung zu übergeben. Diese Kommission hatte auch das Recht, gegen Bischöfe einzuschreiten, was weder früher noch später vorgekommen war. Eine neue Form der päpstlichen Inquisition war so begründet worden, nicht gegen christliche Ketzer, sondern gegen neue Christen, die zum Judentum neigten. Aber Juan

II. tat nichts, um die Urteile dieses Gerichtes auszuführen, die Feinde Lunas (gegen die das Unternehmen vor allem geplant war) wurden mächtiger als je, sie setzten seine Hinrichtung durch. Dieser Vorfall weckte großen Hass gegen Juden und Conversos, alle Beschuldigungen, die man jemals gegen sie erhoben hatte, die des Ritualmordes besonders und der Beschimpfung des Kruzifixes, wurden neu unters Volk gestreut. Da und dort entlud sich der Hass in einem Gemetzel oder in einer behördlich angeordneten Hinrichtung.

Im Dunkel der Geschehnisse, im Gewühl der Leidenschaften steht plötzlich eine Gestalt vor uns, die mit eisernen Händen in die Geschichte greift: der Dominikanermönch T h o m a s d e T o r q u e - m a d a. Über seinen Ursprung, über die Zeit seiner Geburt wissen wir nichts, in seinen Adern floss jüdisches Blut vermischt mit iberischem. Torquemada ist einer jener Fanatiker, die von einem einzigen Gedanken völlig beherrscht werden, die nicht Gerechtigkeit kennen und nicht Liebe, die vom gesunden Menschenverstand ebenso weit entfernt sind wie von jeglicher Weisheit, die aber wie aus einem Vulkan heraus, gleichsam als eine blinde Kraft der Natur, Großes zu bewirken vermögen. Sie sind nicht Menschen, wenn Mensch sein auch menschlich sein heißt, sie sind eine Idee oder eine Geisteskrankheit in Menschengestalt – wie man will. Sie können nur eines denken, fühlen und wollen: ihren Zweck; und nur eines tun: ihn in der Welt durchzusetzen. Mit welchen Mitteln, das kümmert sie nicht. Sie sind nicht machtgierige Egoisten (wie Napoleon etwa), sie sind völlig selbstlose Sklaven ihrer Idee, Apostel ihres Glaubens, unterworfen dem Phantom, das als einzige Vorstellung ihres Lebens ihnen vor Augen steht. Verwandt sind sie im Menschenbereich, den höchsten Liebenden, den Mördern aus Eifersucht. Sie alle sind dumm und blind, rennen über Hindernisse, und seien es Menschenleben, ihrem Ziel entgegen. Erscheint uns aber ein Mensch, der wie Othello von einer einzigen großen Leidenschaft hingepeitscht wird, bei aller Verblendung doch dem Menschlich-Erhabenen nahe, so spüren wir in diesen Monomanen einer Idee zwar Größe, aber nicht Menschlichkeit mehr. Denn das untrügliche Urteil unseres Herzens billigt der Leidenschaft jede Dimension zu, auch wenn sie Menschenmaß hinter sich lässt; der Kopf aber, der toll geworden ist, der sich gebärdet, als wäre er ein Herz – und das ist der Fanatiker – der ist über den Bereich der Menschlichkeit hinausgeschritten, in ihm ist nicht menschliches Fühlen ungeheuer geworden; ein Gedanke will vielmehr die Welt unterjochen, was ihm entgegensteht, muss zugrunde gehen.

Immer wieder tauchen im Lauf der Menschheitsgeschichte solche Erscheinungen auf, Männer unfassbarer Willenskraft, unfassbar vielleicht darum, weil sie einen einzigen Gegenstand hat: ihre fixe Idee. Wissen wir denn, was wir schaffen könnten, wenn wir unser Denken und unser Gefühl gewalttätig kastrierten, um unser ganzes Leben lang einen einzigen Gedanken zu denken, eine einzige Tat zu wollen?

Ein solcher Mensch ist Torquemada gewesen, und vielleicht können wir ihn uns anschaulicher vor Augen führen, wenn wir an einen anderen, an einen Fanatiker seiner Art denken, den wir alle miterlebt haben: L e n i n. Auch er war völlig von einer Idee besessen, der Idee des ökonomischen Kommunismus, auch ihm war völlig gleichgültig, wie viele Hunderttausende sterben mussten, damit sich das Phantom seines Kopfes mit Wirklichkeit umkleide. Zu dieser Verwandtschaft, wenn nicht Gleichheit – es gibt ja eigentlich keine Nuancen des wahren Fanatikers, jeder ist ganz – kommt noch, dass beide Gerichtshöfe geschaffen haben, um alle aus der Welt zu befördern, die sich nicht jener einzigen Idee beugen konnten: Torquemada die Inquisitionsgerichte – Lenin die Revolutionsgerichte.

Die Idee Torquemadas war: Einheit und Reinheit des katholischen Glaubens bei allen Bewohnern Spaniens. Tag für Tag beschwor er Ferdinand und Isabella, die Seelen ihrer Untertanen, die ihnen von Gott anvertraut worden waren, nicht in Verderbnis sinken zulassen, er wies auf die Gefahr hin, die jedem Gläubigen durch den täglichen Umgang mit den Leugnern und Feinden Christi, den Knechten des Teufels, drohte. Über jede andere Pflicht sei diese den Königen von Gott auferlegt worden: die Ungläubigen zur Kirche zu führen, die Gläubigen vor dem Gift der Gottlosigkeit zu bewahren. Das einzige Mittel, dieses Werk zu vollbringen, wäre aber die Heilige Inquisition, die schon einmal, in Südfrankreich, alle Ketzerei mit der Wurzel ausgerissen hatte. Härter noch werde in ihrem Land die Arbeit sein, denn nicht um verirrte Christen handelte es sich, vielmehr um offene oder versteckte Feinde Christi und der von ihm eingesetzten Kirche.

Torquemada erwirkte 1478, dass der Bischof von Osma und sein Bruder Diego de Santillan nach Rom geschickt wurden, um den Papst zur Einführung einer neuen Inquisition in Spanien zu bestimmen. Schon 1451 war, wie früher erwähnt, eine gleiche Bitte nach Rom gerichtet worden, und Sixtus IV. zögerte so wenig wie Nikolaus V., der Kirche solche Gewalt zu sichern: am 1. November 1478 erließ er eine Bulle, die die Inquisition einsetzte. Es gab jedoch einen strittigen Punkt zwischen ihm und Ferdinand: letzterer wollte, von der neuen Macht des Königtums getragen, die neue Inquisition von sich abhängig wissen und gestand dem Papst nur die Führung der Prozesse durch Mönche zu, nicht aber die Ernennung der Oberbehörde und ihres Leiters, des Großinquisitors; auch war es für Ferdinand von höchster, vielleicht von entscheidender Wichtigkeit, dass der Ertrag der Konfiskationen den königlichen Schatz bereichere und nicht die Geistlichkeit oder Kurie. Er setzte seinen Willen durch und übernahm dafür die Verpflichtung, aus den beschlagnahmten Gütern die Inquisitionsgerichte zu erhalten.

Noch zwei Jahre vergingen. Erst 1480 ernannte der Papst die Dominikanermönche Miguel de Morillo und Juan de San Martin, dass sie als Inquisitoren in Sevilla ihr Werk begännen. Ferdinand befahl den Behörden der Stadt, die beiden Inquisitoren feierlich zu empfangen, und sie errichteten das erste Inquisitionstribunal in Spanien mit Juan Ruiz de Medina als Beisitzer und Juan Lope del Barco, Kaplan der Königin, als Ankläger und Promotor. Zu diesen kamen später Diego de Merlo, Corregidor in Sevilla, und Ferrand Yañez de Lobon, der für die Konfiskationen zu sorgen hatte. Im Erlass der katholischen Könige, der die Inquisition einsetzt, heißt es: „Ich, der König. Ich, die Königin. (Das ist die geheiligte Formel, mit der alle spanischen Könige ihren Namen umschreiben. Don Carlos, der Sohn Philipps II., der, wie man weiß, niemals König geworden ist, hat sich gefertigt: Ich, der Prinz.) Ihr wisst, wie unser Heiliger Vater dem allgemeinen Verderben, das in unseren Reichen wegen der Ketzerei herrscht, zu steuern wünscht und Bullen und Breven gegeben hat zur Einsetzung einer Inquisition in diesen unseren Reichen … Kraft dieser Bullen hat man angefangen, in unseren Reichen die Inquisition gegen die Ketzerei einzurichten." Einige Conversos, denen das neue Gericht wenig geheuer schien, flohen aus Sevilla, um bei Freunden Schutz zu suchen. Aber schnell verbot ein königliches Dekret jedermann, eine Stadt, wo die Inquisition tagte, zu verlassen.

Kurz nach ihrer Einführung richteten die beiden Inquisitoren an mehrere große Herren in schroffen Worten die Aufforderung, jedermann festzunehmen und in die Kerker der Inquisition zu liefern, der im Lande fremd oder von einer anderen Stadt zugereist war, seinen Besitz zu erfassen und vertrauenswürdigen Personen zur Verwaltung zu übergeben. Die Aufforderung war mit der Drohung verbunden, dass jeder, der nicht gehorchen wollte, dem Kirchenbann verfallen sei, dass man ihm Würden und Gut nehmen werde; es seine Sassen sollten jeder Verpflichtung gegen ihn ledig sein. Die Drohung wirkte. So viele Menschen wurden der Inquisition zugesandt, dass sie sich in der großen Festung von Triana am anderen Ufer des Guadalquivir niederlassen musste. Alles dies geschah noch vor der Eroberung Granadas.

Der Widerstand gegen diese neue unverständliche Gewalt, die sich da festgesetzt hatte, ließ nicht auf sich warten. Ein angesehener Bürger von Sevilla, Diego de Susan, rief Freunde zusammen, man beschloss, einen Aufstand zu erregen und die Inquisitoren zu erschlagen. Aber ehe es dazu kam, wurde der Plan verraten, und die Inquisitoren wussten den Vorteil zu nützen, dass man sie in der Ausübung ihrer heiligen Pflicht am Leben bedrohte. Sie ergriffen alle reichen Conversos in Sevilla und machten ihnen einen kurzen Prozess. Am 6. Feber[8] 1481 wurden sechs Leute, Männer und Frauen, ohne viele Umstände verbrannt. Es war die erste Kraftprobe der neuen Institution und ihr erstes Auto de fe. Einige Tage später folgte ein zweites; von Ketzerei oder ähnlichem war vorläufig nicht die Rede, man wollte zeigen, was man vermochte. Auf dem *Campo de Tablada* wurde ein *Quemadero*, eine Stätte für Verbrennungen, errichtet, so fest gemauert, dass jedermann sehen konnte, wie dauerhaft man sich hier festzusetzen gedachte. Ein ganz besonders eifriger Herr namens Mesa spendete vier Prophetenstatuen, damit das Gerüst ein rechtes Ansehen hätte; bald jedoch geriet er in den Verdacht des Judaismus und wurde zwischen seinen eigenen Statuen verbrannt. Einkerkerungen und Hinrichtungen folgten rasch aufeinander, die Gefängnisse wurden zu eng.

---

8   Anm. des Verlags: Hier ist vermutlich Februar gemeint.

Nicht genug mit den Lebendigen, schon machte sich das Gericht auch daran, die Gebeine Toter auszugraben und zu verbrennen. Diese Verbrennung von Toten, die bis zum Erlöschen der Inquisition praktiziert worden ist, beweist, so harmlos sie uns heute auch erscheinen mag, am allerstärksten die Gesinnung: nicht nur Verbrecher zu bestrafen, sondern ihnen auch die Auferstehung am jüngsten Tag – über die zu entscheiden, sich doch wohl Gott selbst vorbehalten haben wird – unmöglich zu machen, also gewissermaßen dem höchsten Richter zuvorzukommen, wenn er vielleicht zur Gnade geneigt sein sollte.

Nach den Angaben Llorentes wurden im ersten Jahr zweihundertachtundneunzig Menschen verbrannt und neunundsiebzig zu lebenslänglichem Kerker verurteilt. Hernando de Pulgar, der Sekretär Isabellas, berichtet, dass von 1480 bis 1520 in Sevilla viertausend Menschen verbrannt und mehr als dreitausend bestraft worden seien. Diese Ziffern sind nicht zu kontrollieren, sie können richtig sein oder falsch.

Wie bei der alten Inquisition wurden die Reuigen, die sich selbst stellten, mit der Kirche wieder versöhnt, wenn sie andere angaben, die heimlich mohammedanische oder jüdische Bräuche übten. So sorgte man dafür, dass der Quemadero nicht unnütz errichtet worden war. Auf dem Hause der Inquisition in Sevilla stand zu lesen: „Die Heilige Inquisition gegen die ketzerische Verderbtheit im spanischen Königreich wurde zu Sevilla errichtet 1481, als auf dem apostolischen Thron Sixtus IV. saß, der sie gewährt hat, und als in Spanien Ferdinand und Isabella regierten, von denen sie erbeten worden war. Erster Großinquisitor war Bruder Thomas Torquemada aus dem Predigerorden. Gebe Gott, dass die Inquisition zum Schutz und zur Vermehrung des Glaubens Bestand habe bis ans Ende der Welt."

Inquisitionsgerichte wurden in anderen Städten eingesetzt, am liebsten fassten sie die Reichen, von denen sicherer Nutzen zu erwarten war. Bei dem ersten Auto in Toledo 1486 erschienen siebenhundertfünfzig Sünder, darunter die reichsten Bürger der Stadt. Barhaupt und barfuß, eine brennende Kerze in der Rechten, zogen die Teilnehmer der Prozession durch die Straßen, bis zur Kathedrale, am Tor wurden sie von Priestern empfangen und jeder einzeln mit dem Kreuz bezeichnet. „Nimm das Zeichen des Kreuzes, das du verleugnet und verloren hast!" Dann traten sie vor den Inquisitor und hörten alle ihre Sünden.

Sie bereuten, gaben einen Teil ihres Vermögens für den Maurenkrieg, durften niemals mehr einen ehrlichen Beruf ausüben oder gar ein Amt bekleiden, mussten bis zu ihrem Tode, jedermann zur Warnung, in grober Leinwand gehen. An sechs Freitagen hatten sie barhaupt und barfuß durch die Straßen zu ziehen und sich selbst zu geißeln. Das waren Leute, die freiwillig gekommen waren, um zu bekennen, dass sie mit Juden Verkehr hatten oder mit ihnen Handel trieben. Bei einem zweiten Auto desselben Jahres erschienen neunhundert Büßende.

Im Jahr 1483 wurden alle einzelnen Inquisitionsgerichte einer höchsten Behörde, dem *Concejo de la Suprema y General Inquisición* (kurz die „Suprema") unterstellt, die von einem Großinquisitor geleitet wurde. Der erste Großinquisitor war Torquemada, den schon vorher der Papst als einen der spanischen Inquisitoren eingesetzt hatte. (Der Titel „Inquisitor general" findet sich erst einige Jahre später, in den ersten Erlässen wird Torquemada *„Juez princeipal ynquisidor"*, d.h. Oberster Inquisitionsrichter genannt). Unter der Leitung Torquemadas wurde das ganze Netz von Gerichtshöfen geschaffen und der Suprema unterstellt, das jahrhundertelang besser funktioniert hat als jede andere Behörde in Spanien. Die neue spanische Inquisition unterscheidet sich in wesentlichen Punkten von der früheren päpstlichen. Sie war von Anfang an ein Staat im Staate, keinem verantwortlich als sich selbst, denn Rom war weit, und die Könige hatten nur selten Lust, in dieses Dornengestrüpp hineinzugreifen.

Immer wieder schärfte Torquemada den Gerichten ein, dass sie nicht ermüden dürften im Aufspüren und im Bestrafen der Ketzer. Als ein Gerichtshof in Medina einige Angeklagte mit der Kirche versöhnte und andere freigeben wollte, schickte er, um nicht auf eigene Verantwortung zu handeln, die Akten an die Suprema. Torquemada gab sie zurück und befahl, noch einmal zu suchen und zu forschen, ob nicht doch Ketzerisches zu finden wäre. Man folterte die Gefangenen, bestimmte zwei von ihnen zur Versöhnung mit der Kirche, sprach die Übrigen wiederum frei. Aber Torquemada geriet in Zorn über diese Milde, forderte, dass alle Beschuldigten verbrannt würden, und befahl, sie an das Gericht in Valladolid zu senden und noch einmal zu inquirieren. So hielt er die Zügel fest, wollte sich ein Richter in Gunst bei ihm setzen, so wusste er, was geboten war.

Nicht weniger hart als gegen andere war Torquemada gegen sich selbst und die Seinigen. Er kasteite sich, aß niemals Fleisch, trug nie ein anderes Gewand als die Kutte des Dominikaners. Den erzbischöflichen Stuhl von Sevilla lehnte er ab. Er verweigerte seiner Schwester Ausstattung und Heiratsgut und zwang sie, Nonne zu werden. Von den konfiszierten Gütern forderte er für sich und baute mit dem Geld Klöster. Er lebte in beständiger, vermutlich begründeter Furcht, ermordet zu werden und ließ nie das Horn eines Einhorns von sich, das gegen Gift schützte. Mit der Erlaubnis des Königs hielt er zweihundertfünfzig Bewaffnete und fünfzig Reiter, die ihn auch auf jeder Reise umgaben.

El Greco: der Großinquisitor

Torquemada vereinigte in seiner Hand weltliche und geistliche Gewalt, er hat die spanische Inquisition zu dem gemacht, was sie dreihundert Jahre lang geblieben ist: zur Herrin des Landes. Kein Großer, der König selbst nicht, war sicher vor ihr, und sie hat über Spanien hinaus ihre Arme gestreckt und einen Papst verketzert. Von früher her waren die Bischöfe der Rechtsprechung der Inquisition entzogen, Torquemada machte 1487 den Versuch, auch sie unter seine Gewalt zu bringen. In diesem Punkt jedoch gab Innocenz VIII. nicht nach, denn er hätte die Gefahr heraufbeschworen, dass der ganze hohe Klerus aus der Abhängigkeit vom Heiligen Stuhl unter die einer staatlich beeinflussten Behörde geriete. Der Großinquisitor sollte alle Akten über Bischöfe, die sich der Ketzerei verdächtig gemacht hätten, versiegelt nach Rom senden.

Torquemada zögerte nicht, von diesem Rechte Gebrauch zu machen, und beschuldigte zwei Bischöfe jüdischer Abstammung, Davila von Segovia und Aranda von Calahorra, des Judaismus. Der Papst entsandte einen Legaten, und es gelang Torquemada, ihn zu überzeugen; beide Bischöfe wurden nach Rom vorgeladen. Davila, ein Mann von achtzig Jahren, hatte seinen Glaubenseifer schon Jahre vorher durch die Verbrennung zahlreicher Juden bewährt; seine Angelegenheit zog sich so lange hin, bis er in Rom starb. Aranda wurde in seinem Hause in Rom interniert, drei Bischöfe sollten über seine Ketzerei zu Gericht sitzen; es fanden sich eine Menge Zeugen gegen ihn, und er wurde schuldig befunden, aber nicht nach den Prinzipien Torquemadas behandelt, sondern nur in der Engelsburg bis zu seinem Tode gefangen gehalten.

So hatte Torquemada zwar nicht die Jurisdiktion über Bischöfe und Erzbischöfe erlangen können, aber doch die Möglichkeit, jeden Kirchenfürsten vor das Gericht der Kurie zu bringen, und das genügte, auch sie in Furcht zu halten.

Wie in Castilien und Andalusien, so führte Torquemada mit der Zustimmung des Königs, aber ganz unabhängig vom Papste, die Inquisition in Aragon und Katalonien ein. Die Bevölkerung dieser Landschaften, die immer eifersüchtig über ihre Sonderrechte gewacht hatte, setzte sich zur Wehr, in einigen Städten gab es Streit und Revolte, die Bewohner von Valencia jagten die Inquisitoren aus ihrer Stadt. Der König mengte sich selbst ein, und es dauerte ein paar Jahre, bis die Behörden zum Gehorsam zurückgekehrt waren.

Am ärgsten ging es in Zaragoza zu. Hier waltete als Inquisitor Peter Arbues, der gefürchtetste von allen. Das Volk hasste ihn so sehr, dass er auch in der Kirche einen Panzer trug und die Lanze nur hinstellte, um den Kelch zu fassen. Aber ein paar Männer, deren Angehörige er verbrannt hatte, erschlugen ihn, während er die Messe las (1485). Da die Täter entflohen waren, ergriff die Inquisition andere und richtete zweihundert Menschen hin. Ferdinand war erbittert, und es gelang, die Mörder nahe der Grenze einzufangen. Sie wurden langsam zu Tode gefoltert.

Die Stimmung des Volkes war völlig umgeschlagen, man begann Arbues als einen heiligen Märtyrer zu verehren. Legenden bildeten sich, die Blutflecke auf den Fliesen der Kathedrale wurden wieder flüssig, das Volk tauchte Tücher ein, um sie als Reliquien zu bewahren. Eine Glocke begann von selbst zu läuten. Der Mann, vor dem alles gezittert hatte, war ein Heiliger geworden, seine Opfer teuflische Bösewichte; man versuchte, das Mauren- und Judenviertel zu erstürmen. Peter Arbues ist von der Kirche 1661 selig und 1867 heiliggesprochen worden. Die *acta sanctorum* aus letzterem Jahr melden von ihm: „Er zeigte sich als Glaubensrichter so bewunderungswürdig und unbeugsam und als solch heftiger Gegner der Ketzerei, dass durch seinen Eifer und durch seine Sorgfalt viele Ketzer, Apostaten und Rückfällige die verdiente Strafe für ihr Verbrechen empfingen, ein Zeichen der reichen Frucht und des großen Nutzens, der damals und für die Zukunft aus der Errichtung der Heiligen Inquisition in jenen Reichen erwachsen sein musste." Vor der Mönchsgestalt Torquemadas haben sich Päpste gebeugt; Sixtus IV. schrieb ihm: „Wir haben alles dies – die Berichte des Kardinals Borgia über Torquemadas Tätigkeit – mit großer Freude vernommen und sind glücklich, dass Ihr, ausgestattet mit Wissenschaft und Macht, Euren großen Eifer alledem zuwendet, was zur Lobpreisung Gottes und zum Gewinn des wahren Glaubens beiträgt. Wir empfehlen Euch dem Herrn und ermuntern Euch, geliebter Sohn, in Eurem unermüdlichen Eifer fortzufahren und die Sache des Glaubens zu fördern. So werdet Ihr unsere besondere Gnade verdienen." – Zwölf Jahre später dankte Kardinal Borgia (aus dem spanischen Hause der Borja), der spätere Papst Alexander VI., Torquemada in einem Brief für die außerordentliche Arbeit, die er im Dienste des Glaubens geleistet hatte.

Im Jahr 1484 traten die Inquisitoren der bestehenden vier Gerichts-höfe mit drei Mitgliedern des königlichen Rates von Castilien und zwei anderen Rechtsgelehrten unter dem Vorsitz des Torquemada in Sevilla zusammen, um die Satzungen festzustellen, nach denen sich die Inquisition zu richten hatte. Diese erste Sammlung von Vorschrif-ten, in denen der Geist des Torquemada waltet, ist die Grundlage des Verfahrens aller Inquisitionsgerichte geworden. 1485 und 1488 hat Torquemada neue Bestimmungen folgen lassen.

Da Torquemada vom Papst ernannt worden war, musste beim Tode Sixtus IV. (1485) seine Berufung erneuert werden. Ferdinand, der die Amtsdauer des Großinquisitors von den Zufällen einer Papstwahl unabhängig zu machen wünschte, widersprach, aber Innocenz VIII. war nicht gesonnen, sich den Einfluss auf dieses wichtige Amt und damit auf alle spanischen Inquisitionsgerichte entwinden zu lassen, er setzte Torquemada neuerdings als Großinquisitor ein. Eine Zeit lang ging der Streit zwischen König und Papst hin und her, durch die Persönlichkeit Torquemadas war ja die Stellung eines Großinquisitors über Bischöfe und Erzbischöfe gestiegen, jede weltliche Behörde des Landes stand ihm zu Diensten. Man einigte sich schließlich dahin, dass der Großinquisitor *„ad beneplacitum"*, d.h. nach dem Gutdün-ken des Papstes im Amt bleiben sollte, sodass seine Bestellung nicht erneuert zu werden brauchte.

Hingegen verlangte der Papst, dass alle Inquisitoren gelehrte und gottesfürchtige Theologen oder fähige Juristen sein sollten oder auch Kanoniker und kirchliche Würdenträger. Der König war wiederum der Meinung, dass alle diese Qualitäten noch nicht die Befähigung für das Amt eines Inquisitors verliehen. Der Papst forderte, dass die von ihm selbst ernannten Inquisitoren der Macht des Großinquisitors entzogen sein sollten. Aber das passte Torquemada nicht. Er setzte eine Art von Gesandtschaft in Rom ein und ließ durch sie erklären, dass nur ihm alle Macht über die Inquisition zuständé; Ferdinand, der natürlich ganz auf seiner Seite stand, unterstützte diese Forderung mit einem Erlass, der jedermann mit der Hinrichtung bedrohte, der sich auf päpstliche Befehle, soweit sie nicht vom Könige gebilligt worden wären, berufen wollte. Dieses Dekret wurde den kirchlichen Behör-den noch besonders kundgetan.

Das Vorgehen des Königs stimmte ganz mit seiner und seiner Vorfahren Auffassung von der Selbständigkeit der Königsmacht gegenüber der päpstlichen überein. Als früher einmal der Papst einen Italiener als Bischof ins Land senden wollte, lehnten ihn die katholischen Könige ab und beriefen sich darauf, dass sie Spanien von den Ungläubigen befreit hätten und daher auch Herren der Kirche wären. Der Einwand des Papstes, dass ihm seine Rechte unmittelbar von Gott verliehen seien, machte ihnen keinen Eindruck, sie ernannten Bischöfe und ließen Priester und deren Frauen gegen alles kanonische Recht ins Gefängnis setzen. Auch der alteingebürgerte Missbrauch, dass sich Verbrecher in einen Orden aufnehmen ließen, um so dem weltlichen Gericht zu entrinnen, wurde zu wiederholten Malen von ihnen bekämpft. So hatten die spanischen Könige immer den Willen gehabt, die Kirche ihres Landes möglichst unabhängig von Rom zu halten – und hatten damit einem nicht selten auftauchenden Ideal zugestrebt: unrömisch zu sein und doch katholisch.

Der Streit über die Frage der Inquisitoren-Ernennung brach aus, ehe noch die Organisation recht geschaffen war. Als sich Miguel de Morillo, einer der beiden vom Papst für Sevilla ernannten Inquisitoren, den Anordnungen Torquemadas nicht fügen wollte, enthob ihn dieser kurzerhand seines Amtes. Morillo ging nach Rom und erwirkte ein päpstliches Breve, das ihm seine Stellung in Sevilla neuerdings zusicherte. Allein Torquemada blieb der Stärkere. Noch im selben Jahr (1487) erfolgte die Absetzung der beiden päpstlichen Inquisitoren durch den Papst, gleichzeitig mit dem Auftrag an Torquemada, ihre Nachfolger zu bestimmen. Juan de San Martin starb bald darauf, aber Miguel, der beim Papst in hoher Gunst stand, wurde 1491 zum Großinquisitor von Castilien und Aragon ernannt und so dem Torquemada gleichgestellt, ohne doch seine Macht jemals ausüben zu können.

Dies ist die erste Phase des Kampfes, der von Königtum und Papsttum um die Beherrschung der Inquisition geführt wurde und der nicht erloschen ist, solange die Inquisition bestanden hat. Unter den habsburgischen Herrschern war sie vom Papste bald mehr, bald weniger abhängig gewesen. Als aber mit dem Beginn des 18. Jahrhunderts die Bourbonen auf den Thron kamen, wollten die Könige den Einfluss Roms ganz ausschalten. 1705 verbot Philipp V., von einem Urteilsspruch der Inquisition an den Papst zu appellieren – und hat sie so noch selbständiger gemacht.

Kirchliche Schriftsteller der Gegenwart (und auch Ranke, dem aber die Quellen noch nicht erschlossen waren) haben, um das Papsttum von den Taten der spanischen Inquisition freizusprechen, wiederholt die Behauptung aufgestellt, dass die spanische Inquisition durchaus nur eine Einrichtung des Staates und nicht der Kirche gewesen sei. Aber die Geschichte beweist von Jahrzehnt zu Jahrzehnt das Gegenteil. Kirche und Staat haben gleichen Anteil an dieser Institution gehabt, die allerdings fast immer unabhängig von beiden vorgegangen ist und zuzeiten jedem von ihnen Schwierigkeiten bereitet hat. Die Inquisition, deren einziger Zweck ja die Bekämpfung der antikatholischen Strömungen im Land gewesen ist, hat sich nicht selten zum Werkzeug der Könige gegen ihre Feinde gemacht (berühmt ist die Verfolgung des Antonio Perez im Auftrage Philipps II.); aber ebenso oft ist durch sie die Sache der Kirche und des Papstes gegenüber der königlichen Macht gefördert worden. Der Inquisitor Páramo schreibt 1598: „Von wem auch immer die Inquisitoren ernannt werden, ihre Vollmacht erhalten sie unmittelbar vom Papste … Der Papst gewährt dem Groß-inquisitor die Erlaubnis, andere Inquisitoren zu ernennen." – Ebenso äußert sich der Jesuit Mariana 1605.

Beständig liefen Klagen in Rom ein über das harte Regiment Torquemadas, dreimal sah er sich genötigt, einen vertrauten Mönch auszusenden, der ihn vor dem Papst rechtfertigen sollte. Alexander VI. Borgia hätte ihn gern seines Amtes enthoben, aber die Rücksicht auf den spanischen Hof, wo Torquemada allmächtig war, verbot ihm dies. Er begnügte sich, ein Breve zu erlassen, in dem es heißt, dass Torquemada alt und kränklich werde und dass es daher geboten sei, ihm vier Bischöfe als Generalinquisitoren (dies ist die offizielle Bezeichnung) an die Seite zu geben. Jeder von ihnen sollte unabhängig sein, die gleichen Rechte haben wie Torquemada und selbständig ins Werk setzen, was er für zweckmäßig hielte, auch Prozesse, die von einem anderen begonnen worden waren, weiterführen und beenden dürfen. Dies letztere sollte offenbar den Klagen abhelfen, die so vielfach gegen Torquemadas Amtsführung erhoben wurden. Aber alles das ist niemals Wirklichkeit geworden, Torquemada blieb, gestützt vom Vertrauen des Königs, der einzige Herr der Inquisition bis zu seinem Tode.

Im Jahr seines Todes 1498 gab er weitere Verordnungen heraus, die dem Jammer des Volkes und dem Wunsch der Kurie einigermaßen Rechnung trugen. Er befahl den Inquisitoren, bei ihren Verhaftungen nicht willkürlich, sondern mit Bedacht vorzugehen und niemand einzukerkern, gegen den man nicht genügend Beweise in Händen hätte. Dem Beschuldigten sollte innerhalb einer Frist von zehn Tagen die Anklageschrift übergeben, der Prozess sollte rasch durchgeführt und nicht unnütz verschleppt werden. Torquemada setzte auch die Altersgrenze der Verantwortlichkeit für Ketzerei fest: zwölf Jahre bei Mädchen, vierzehn Jahre bei Knaben. Alle diese Vorschriften, wie auch die frühere, dass jedem Beschuldigten ein kundiger Mann als Verteidiger zur Seite gegeben werde, sind auf dem Papier stehen geblieben. Die Inquisitoren haben sich, gedeckt durch die Heimlichkeit des Verfahrens, über alles hinweg gesetzt, was dem Angeklagten zugunsten hätte sein können.

Schon 1492 hatte Torquemada ein Edikt erlassen, worin er alle, die vom Christentum abgefallen und aus Furcht vor der Inquisition zu den Mauren oder bis nach Afrika geflüchtet waren, aufforderte, sich bei ihm oder einem anderen Inquisitor zu melden und ihren Abfall zu bekennen, damit sie wieder in den Schoß der Kirche aufgenommen würden. Wer freiwillig käme, sollte keinen Schaden davontragen. Diese Aufforderung blieb jedoch so gut wie wirkungslos.

Verbrennung eines Ketzers

5

Die Inquisition war ihrem ganzen Sinne nach ein kirchliches Gericht, das für die Reinheit des katholischen Glaubens zu sorgen und jeden zu bestrafen hatte, der dem Sakrament der Taufe untreu geworden war. Die außerhalb der Herde Christi standen, also Heiden, Juden, Mohammedaner, alle, die sich nie zu Christus bekannt hatten und ihm daher auch nicht untreu werden konnten, waren der Gewalt der Inquisition entzogen. Das ertrug Torquemada nicht. Er setzte alle seine Macht ein, die Taufe der Ungläubigen zu erzwingen und sie dadurch seiner Kontrolle zu unterwerfen. Weil aber, friedlichen und gewaltsamen Bemühungen zum Trotz, eine große Menge von Mohammedanern und Juden doch nicht von ihrem Glauben lassen wollte, mühte

74

sich Torquemada immer aufs Neue bei den Königen, dass die Feinde Christi aus dem Land gejagt würden. Der Entschluss hierzu war nicht leicht, denn auf der semitischen Volksschicht vor allem, beruhte der Wohlstand des Landes, Industrie, Kunstgewerbe und Handel, ebenso ein guter Teil des geistigen Lebens. Im Jahre, da die Inquisition eingeführt wurde (1480), machte Isabella den ersten Versuch, die Juden aus dem Land zu treiben, doch kam es nicht zur Durchführung.

Torquemada wies die Inquisitionsgerichte an, Beweise für das staatsgefährliche und religionsfeindliche Treiben der Juden zu finden. Ein Converso wurde auf der Heimkehr von einer Pilgerfahrt nach Campostela festgehalten und so lange gefoltert, bis er gestand, mithilfe eines herausgeschnittenen Herzens und einer geweihten Hostie, allerlei zauberische Schandtaten begangen zu haben, um den Tod der Christen zu bewirken. Er gab Mitschuldige an, die ihrerseits auf der Folter bekannten, ein Christenkind geschlachtet zu haben. Die ganze Angelegenheit war offenkundig aus der Luft gegriffen, denn das getötete Kind hatte, wie das Gericht widerwillig feststellen musste, niemals gelebt. Aber der Prozess hat bis heute seine Spur hinterlassen, diesem Kind wurde eine Kirche geweiht, zu der man noch immer wallfahrtet: *El santo niño de la Guardia* in Astorga. Um den gewünschten Zweck zu erreichen, wurden alle Beschuldigten verbrannt, und Torquemada ließ beim Auto de fe verkünden, dass die Juden, Christen von ihrem Glauben abspenstig zu machen und für das Gesetz des Mose zu gewinnen trachteten. Obgleich dies bei der bekannten Abneigung der Juden gegen die Bekehrung Stammesfremder wenig wahrscheinlich klang, wurde doch zweierlei damit erreicht: das Volk neu aufzureizen und der Inquisition eine Handhabe zu bieten, gegen Leute, die ihrer Macht prinzipiell entzogen wären, vorzugehen.

Nach der Eroberung von Granada war dem Reich eine große Anzahl mohammedanischer Untertanen zugewachsen, und die Könige zeigten sich geneigt, dem Drängen Torquemadas um Vertreibung der Juden Gehör zu geben. Aber die Juden des Landes boten ihnen eine außerordentlich hohe Geldsumme, um die Heimat nicht zu verlieren, und Ferdinand, dem wohl aller Glaubenseifer nur ein Vorwand für seine weit ausgreifenden Herrscherzwecke gewesen ist, war gewillt, den Handel abzuschließen. Da drang der Mönch in die Gemächer der

Könige ein und hielt ihnen das Kruzifix entgegen mit den Worten: „Hier ist der Gekreuzigte, den Judas für dreißig Silberlinge verkauft hat, jetzt wollt ihr ihn wiederum für eine größere Summe verkaufen! Ich lege mein Amt nieder, mich wird kein Vorwurf treffen, aber ihr seid Gott Rechenschaft schuldig für euer Tun!" – Das Angebot wurde zurückgewiesen, am 30. März 1492 unterfertigten Ferdinand und Isabella das Gesetz, wonach innerhalb der nächsten vier Monate alle Juden entweder zur Taufe kommen oder bei sonstiger Todesstrafe das Land verlassen mussten. Sie durften von ihrer Habe mitnehmen, was sie konnten, nur nicht Gold und Silber; was sie nicht mitzuführen vermochten, sollte dem königlichen Schatze zufallen, der noch überdies eine hohe Abgabe forderte. Torquemada ergänzte dieses Gesetz und verbot allen Christen unter schweren Drohungen, den Auswanderern irgendwie behilflich zu sein, sie zu beherbergen oder ihnen Nahrungsmittel zu überlassen.

Niemand war da, der den großen Besitz der Verjagten hätte kaufen können. Man gab ein Haus für einen Esel, einen Weinberg für ein Kleid. Aber die Gefahren des Übertrittes waren fast noch größer als die der Auswanderung in unbekannte feindselige Länder. Denn es schien kaum möglich, dass Menschen, die in ihren überlieferten Bräuchen aufgewachsen waren und andere nicht kannten, über Nacht einen neuen Kult mit allen seinen Einzelheiten üben sollten. Taten sie es aber nicht, so drohte ihnen, die beobachtet und beargwöhnt wurden, lebenslänglicher Kerker oder der Scheiterhaufen. Wenn sich einer etwa des Schweinefleisches enthielt oder am Samstag ein reines Hemd anlegte, so war dies ja schon ein untrügliches Merkmal von Ketzerei.

Nicht nur auf die Juden, sondern auch auf ihre Bibel machte Torquemada Jagd. Er ließ alle hebräischen Bibeln verbrennen, die er finden konnte, sechstausend Bände sollen es allein bei einem Auto in Salamanca gewesen sein.

Hier ist die Ansicht L l o r e n t e s zu erwähnen, des ersten Geschichtsschreibers der spanischen Inquisition, der gegen das Ende des 18. Jahrhunderts Sekretär des Heiligen Offiziums in Toledo gewesen und dann zu seinem erbittertsten Feind geworden ist. Die Ziffern, die er angibt, sind unzuverlässig, aber seine auf Aktenkenntnis beruhende Darstellung ist, obwohl vielfach in Zweifel gezogen, doch bisher nicht widerlegt worden. Llorente meint in der Vorrede zu seiner „Kritischen Geschichte der spanischen Inquisition", dass König Ferdinand nur einen Vorwand gesucht hätte, die Schätze der Juden an sich zu bringen und dass ihm hierzu der Religionseifer des Torquemada und die neu gegründete Inquisition gerade recht waren; während Sixtus IV. die günstige Gelegenheit ergriff, um das stets widerstrebende Castilien dem Einfluss Roms zu unterwerfen.

Torquemada starb am 16. September 1498 und wurde in der Kirche seines Klosters Santo Tomás in Ávila begraben. Als man den Leichnam 1572 in eine Kapelle übertragen wollte, damit ein eben verstorbener Bischof Platz fände, verbreitete sich, so erzählt die Legende, ein übernatürlich süßer Duft. Vierzehn Jahre später wurde der Sarg wieder an seinen Ort zurückgebracht.

Torquemada hat niemals ein privates Leben geführt, nicht einmal ein Bild von ihm ist erhalten. Er war nichts als der Apostel seiner Idee – ein Mönch, der das Schwert in der Rechten, das Kreuz in der Linken trug. Wer sein Haupt nicht zum Boden neigte, dem wurde es zur größeren Ehre Gottes abgeschlagen. Von allen menschlichen Eigenschaften hat nur Herrschgier in ihm gelebt. Torquemada ist eine der großen Mönchsgestalten, die die Kirche über die Welt zum Sieg geführt – und die Gott über der Kirche vergessen haben.

Nach den Angaben Llorentes sind während der achtzehn Jahre von Torquemadas Amtsführung 16.220 Menschen lebendig, 6.860 als Leichen oder im Bilde verbrannt worden, 97.324 haben andere Strafen: Ehrlosigkeit, Vermögenskonfiskation, ewiges Gefängnis erhalten; im Ganzen sind 185.328 Menschen verurteilt worden. Ich wiederhole, dass die Rechnung, durch die Llorente zu seinen Ziffern kommt, sehr anfechtbar ist.

6

Als zweiter Großinquisitor folgte D i e g o D e z a, Bischof von Jalu und später Erzbischof von Sevilla. Er war für das ganze spanische Königreich bestellt, aber noch bei seinen Lebzeiten (1507) ersetzte ihn Kardinal Ximenes de Cisneros in Castilien und Bischof Enguerra in Aragon. Von Ximenes ist schon anlässlich der gewaltsamen Bekehrung der Mauren von Granada einiges gesagt worden. Er wurde jung vom Papste begünstigt, der Weg zu den höchsten kirchlichen Ämtern stand ihm offen, aber er zog vor, sich ins Franziskanerkloster von Toledo, später sogar in eine Waldeinsiedelei zurückzuziehen. Da man jedoch auf den begabten und tatkräftigen Mann nicht verzichten wollte, befahl ihm der Prior, wiederzukehren; er wurde Beichtvater der Königin Isabella und bekam so, wie üblich, den größten Einfluss auf die Geschäfte des Staates. Als Provinzial des Franziskanerordens herrschte er mit so unerbittlicher Strenge über die Brüder, dass sie sich nach Rom um Abhilfe wandten, aber Ximenes ließ sich auch durch einen Vermittlungsversuch des Papstes nichts abmarkten, und gegen tausend Franziskaner gingen aus dem Lande. Als ihm 1495 die Königin den erzbischöflichen Stuhl von Toledo, den Primat des Landes, übertrug, wandte er seine Kraft daran, die Lebensführung der Geistlichkeit zu bessern und die viel beredeten Schäden der Kirche abzustellen.

Was Torquemada gegen die jüdische Bevölkerung durchgesetzt hatte, das machte sich Ximenes gegen die Mohammedaner, die den Süden des Landes bewohnten, zur Aufgabe, ja er unternahm 1505, immer gestützt von den Königen, einen Feldzug nach Afrika, um dort das Christentum zu verbreiten. Als das Unternehmen misslang, rüstete er 1508, schon als Großinquisitor, mit eigenen Mitteln eine neue Expedition aus, eroberte Oran und wusste die Macht des spanischen Königreiches über die afrikanische Küste auszudehnen. Nach dem Tode Isabellas und ihres Schwiegersohnes Philipps des Schönen (Sohn des deutschen Kaisers Maximilian) herrschte Ximenes über Castilien als Statthalter, Kardinal und Großinquisitor. Sein Mittel war einzig die Gewalt. Wie er nach der Eroberung Granadas die Moslim mit dem Schwert hatte zum Taufbecken treiben lassen, so wollte er jetzt den massenhaft Getauften die neue Religion beibringen. Er zwang sie zum regelmäßigen Besuch der Messe und strafte die Säumigen schwer. Im Hintergrund wartete die Inquisition. Ihre Mittel: Angst, Gefängnis, Folter, Entehrung, Vermögensbeschlagnahme, der Scheiterhaufen, das waren die Methoden, mit denen Ximenes das Christentum zu verbreiten trachtete. Denn allen Versprechungen zum

Trotz war 1526 unter der rein maurischen Bevölkerung Granadas die Inquisition eingeführt worden. Wie Ximenes früher strenge gegen die Franziskanermönche verfahren war, so erzwang er jetzt mit aller seiner Energie, dass die Inquisitoren nichts anderes im Sinn hätten als den Sieg des Glaubens. Einige von ihnen, die Habgier und unangebrachte Grausamkeit gezeigt hatten, wurden entlassen.

Verbrennung eines Ketzers

Ketzerei war jetzt überall. Für ketzerisch galt der Gebrauch der arabischen Sprache und Schrift, das Singen arabischer Lieder, das nationale Kleid und der väterliche Name, die Enthaltsamkeit vom Wein, das Färben der Nägel mit Henna, ja das Baden, denn dies war den Mauren tägliches Bedürfnis, den Christen ein verdächtiger Luxus. Wer sich die Hände vor dem Essen wusch, wer beim Brotschneiden das Messer mit der Schärfe nach außen hielt und nicht gegen die Brust, machte sich der Ketzerei verdächtig. Feierte der Moriske ein Fest, so musste seine Tür weit offen stehen, dass nicht etwa ein ererbter, jetzt aber verbotener Brauch geübt werde. Erwartete er ein Kind, so war die christliche

Wehefrau als eine Art Behörde über sein Haus gesetzt, gleich nach der Geburt hatte sie den Priester und den Alguazil zu verständigen und durfte das Neugeborene nicht verlassen, ehe es dem Glauben gerettet war. Was Wunder, dass die Söhne einer alten Kultur, die sich der christlichen Spaniens vielfach überlegen dünken durfte, heimlich ihren Traditionen, ihrem Glauben und ihrer Sprache treu blieben; dass der Vater seinem Kind das Öl der Taufe wieder abwusch und es so dem Christentum entzogen wähnte. Was Wunder, dass der Moriske auf dem Totenbett, Allah und den Propheten um Verzeihung bat für seinen Abfall. Eine arabische Elegie spricht vom „gottverhassten Bilderdienst", zudem die Anhänger eines unsichtbaren Gottes gezwungen werden, eine andere entsetzt sich über die drei Götter des Christentums.

Die christlichen Priester, die den Mauren als Feinde und Spione ins Land, ja ins Haus gesetzt wurden, sahen wiederum nichts als Falschheit, ketzerisches Gehaben und verborgene Feindschaft gegen den wahren Glauben; immer wieder musste man erkennen, dass die Bekehrungsversuche nichts erreichten als Hass und Trotz. Die Inquisition hatte hier wirkliche Feindschaft gegen das Christentum vor sich, nicht ihre eigenen Phantasien. Je mehr Menschen sie büßte und verbrannte, desto starrer wurden die Hinterbliebenen. Es war ein Vernichtungskampf, der hier geführt wurde.

Im sonderbarem Gegensatze zu alledem stand, dass nach der Überzeugung Ferdinands kein Mensch zur Taufe gezwungen werden durfte, dass vielmehr Gott allein die Herzen erleuchtete. Ja, hin und wieder hat auch ein Papst gegen den Religionszwang und die Methoden der Inquisition Stellung genommen (wenn auch vergeblich). Paul III. schrieb um die Mitte des 16. Jahrhunderts an König Johann von Portugal: „Mit dem christlichen Glauben hat die Inquisition gar nichts zu tun, sondern nur mit der Rache der alten Christen gegen die neuen, zu der doch gar kein Grund vorhanden ist. Ich bin fest entschlossen, mich nach meiner Hirtenpflicht, jener armen Bedrückten anzunehmen, denn die Inquisition hat sie, namentlich durch das Verbot auszuwandern, in eine Lage gebracht, die schlimmer ist als jede Sklaverei. Als frühere Juden müssen sie denken, durch die Taufe seien sie erst recht in die Knechtschaft Ägyptens geraten. Dazu sind die Männer, deren sich der König in diesen Geschäften bedient, Leute von übelstem Ruf, und das Land sehnt sich, von ihnen befreit zu werden. Sagt man aber, man wolle jene neuen Christen hindern, in ihren alten Glauben zurückzufallen, so ist dies einmal nur ein Vorwand des Hasses, dann aber auch so töricht, wie nur etwas sein kann. Diese Leute müssen ja geradezu am Christentum verzweifeln. Es ist tausendmal besser, jemand wird aufrichtig Jude aus seinem eigenen üblen Willen, als dass er es im Herzen bleibe durch die offenkundige Schuld eines christlichen Volkes." – Derselbe Papst hat die *Congregatio inquisitionis* in Rom begründet und als Oberbehörde über alle päpstlichen Inquisitionsgerichte gesetzt.

Es gab für die Morisken kaum eine Rettung, denn Auswandern war ihnen verboten, galt als Flucht und unterlag der Gerichtsbarkeit der Inquisition. Wie man heute einen Mörder nicht aus dem Lande lässt, sondern ihn festzunehmen bemüht ist, so jagte man in Spanien hinter Morisken und Conversos her, die im Verdacht der Ketzerei standen; Ketzerei war ja das ärgste aller Verbrechen. Bald durfte kein Schiffskapitän ohne besondere königliche Bewilligung einen neuen Christen übers Meer bringen; tat er es doch, so erwies er sich als Feind der Kirche und Begünstiger der Ketzerei und war seiner eigenen Freiheit nicht mehr sicher. Fand man Ketzer in einem Schiff, so wurde es samt der Ladung weggenommen. Aber nicht genug damit: in den Hafenstädten lauerten Sendlinge der Inquisition, die jeden neuen Christen, der aufs Meer gehen wollte, festnahmen und dem Gericht stellten, ob nun etwas gegen ihn vorlag oder nicht. Es ist ein Brief Ferdinands und Isabellas von 1501 erhalten, der diese weise Maßregel belobt.

Ferdinand hatte die Inquisition von Anfang an als eine staatliche Einrichtung angesehen, immer wieder befahl er den städtischen Behörden, dass sie den Tribunalen Behausung, Hilfe und Schutz gewährten. Mit Torquemada war er stets eines Sinnes gewesen, die Verordnungen Torquemadas waren „im Auftrag des Königs" erlassen worden. Schon dem ersten Gerichtshof in Sevilla ist ein königlicher Einnehmer beigegeben worden, der ein Drittel alles beschlagnahmten Gutes für den König in Empfang nahm, während die übrigen zwei Drittel der Inquisition zufielen. Erst nach einigem Streit hatte sich die Inquisition mit diesem Anteil zufrieden gegeben, und auch die Lehnsherren erhoben noch Ansprüche, die vom König befriedigt werden mussten. Die Einnehmer waren oft unehrlich, sie bestahlen Inquisition und König. Es ist nicht selten vorgekommen, dass die Inquisition von einer ganzen Gemeinde neuer Christen eine hohe Geldsumme empfing, wogegen sie von jeder Untersuchung und Verfolgung absah – und von solchem Geschäft, das nicht eben für Glaubenseifer zeugte, hat der König seinen Teil erhalten. Aber es war nicht leicht für ihn, mit den Tribunalen zurechtzukommen, sie liebten es nicht, sich in die Karten blicken zu lassen und Rechnung über die konfiszierten Güter zu legen. In diesen Angelegenheiten gingen beständig Briefe hin und her.

Ferdinand bemühte sich um Gerechtigkeit, befahl den Inquisitoren mit Mäßigung vorzugehen und die Leute nicht grundlos im Kerker liegen zu lassen. Er lieh auch den Klagen sein Ohr, man konnte sich an ihn wenden, um gegen Übergriffe eines Inquisitors geschützt zu werden; wiederholt ist es vorgekommen, dass einer auf besonderen Befehl des Königs sein konfisziertes Gut zurückbekam. Einmal schrieb Ferdinand nach Zaragoza: „Das Heilige Offizium steht in schlechtem Ruf, und seine Diener sind verachtet." Über jedes Auto ließ er sich Bericht erstatten und pflegte in einem besonderen Brief seine Freude auszusprechen, dass die Inquisition eifrig sei im Dienst Gottes und der Kirche. Kurzum, er kümmerte sich um alles, was geschah, und manches Arge ist wohl verhindert worden, weil man sich beobachtet wusste.

7

Ferdinand starb 1516. In seinem Testament gab er seinem Enkel und Nachfolger, K a r l V., diese Weisungen: „Da alle anderen Tugenden nichts sind ohne den Glauben, durch den und in dem wir erlöst werden, ermahnen Wir den erhabenen Prinzen, Unseren Enkel, dass er immer eifrig sei, den katholischen Glauben zu verteidigen und zu erhöhen, dass er der Kirche helfe und sie verteidige und mit aller seiner Kraft die Ketzerei in Unserem Königreich vertilge. Dass er gottesfürchtige Männer mit gutem Gewissen wähle und ernenne, damit sie die Inquisition gerecht und ordentlich im Dienste Gottes und zur Ausbreitung des katholischen Glaubens führen. Sie sollen sehr eifrig sein in der Ausrottung der mohammedanischen Sekte."

Ein Jahr später starb Ximenes, ihm folgte der Lehrer Karls V., Kardinal Adrian von Utrecht, als vierter Großinquisitor für das ganze Königreich. Er war ein großer Gelehrter, aber ein kränklicher Mann, der sich wenig in die Führung der Geschäfte einmengte; unter seiner Herrschaft tat jeder Inquisitor, was er wollte. Der Niederländer Adrian, der deutsche Jesuit Nithard (1666–1669) und der Neapolitaner Giudice (1711–1716) sind die einzigen Ausländer in der Reihe der spanischen Großinquisitoren.

Tizian: Karl V.

Als Karl auf den Thron kam, erneute er die Versprechungen, die sein Großvater Ferdinand den Moslim gegeben hatte – und brach sie wie er. Karl hatte den besten Willen, die Missbräuche, die bei den Inquisitionsgerichten schnell eingerissen waren, abzustellen; er befahl, dass man nicht leichtfertig Verhaftungen vornehme, dass man nur das Heil der Seelen vor Augen habe, und verbot, reiche neue Christen vors Gericht zu ziehen, um von ihnen Geld zu erpressen. Wiederholt hatten die neuen Christen große Summen geboten, um grundlose Verfolgungen von sich abzuwenden; man verlangte immer wieder, dass dem Beschuldigten die Zeugen genannt würden; die ihn denunziert hatten, dass er sich einen Anwalt selbst wählen dürfe. Aber der Kaiser stand schon allzu sehr unter dem Einflusse der Kirchenfürsten und der immer mächtiger werdenden Inquisition. Jenseits der Alpen nahm das Gespenst der deutschen Reformation von Jahr zu Jahr greifbarere und drohendere Formen an; sollte auch in Spanien, das ihm von seinem Großvater, dem Bezwinger der Moslim, ans Herz gelegt worden war, Ketzerei übergewaltig werden, die Einheit des Staates bedrohen und den König selbst in Gefahr bringen? Zwar ächzte das Volk, die Cortes mehrerer Städte beklagten sich über die Willkürherrschaft der Inquisition, man schlug vor, den weltlichen Gerichten eine Art von Kontrolle über die Geistlichen einzuräumen; mancherlei Versprechungen wurden erteilt, aber in Wirklichkeit geschah nichts. Nicht nur die Inquisitoren selbst schalteten nach ihrem Belieben, die Familiare der Inquisition, die sich rasch vermehrt hatten und vielfach zweideutige Elemente bargen, verübten ungestraft allerlei Übeltaten, Erpressungen vor allem und Schändungen von Frauen, die im Kerker lagen.

Wer einen Diener der Inquisition beleidigte oder verletzte, der beleidigte in ihm das Heilige Offizium, das sich schwer rächte und nach Willkür Strafen verhängte – denn Rächen und Strafen war eines hier. Als einmal ein Stadtrichter von Murcia einen Knecht der Inquisition beschimpft hatte, wurde er verurteilt, im Schandkittel die Messe zu hören.

Der Inquisitor gar war ein kleiner König; wenn er in eine Stadt kam, mussten alle Behörden einen Eid ablegen, ihm zu Diensten zu sein, jeden einzukerkern, den er bezeichnen würde, jeden zu verbrennen, den er verurteilt hatte. Die ganze Bevölkerung der Stadt wurde zusammengerufen und musste schwören, der Inquisition behilflich zu sein und alle anzugeben, von denen man Ketzerisches wusste. Nahte das

Inquisitionsgericht, dann wurden die Menschen von Angst ergriffen, viele flohen; man ersieht aus der großen Anzahl, der bei jedem Auto im Bilde Verbrannten, dass sich doch nicht wenige zu retten wussten. Ihr Gut freilich war verloren.

Auf Karl lag zu viel, als dass er hätte um einzelnes sorgen können; immer mehr verließ er sich auf die Suprema und den Großinquisitor, der als ein zweiter König im Lande waltete. Die Frage, wer letzteren eigentlich zu ernennen hätte, ist niemals völlig geklärt worden, in öffentlichen Schriftstücken galt er als Funktionär des Papstes, in Wirklichkeit ernannte ihn der König, hatte aber nicht das Recht, ihn abzusetzen. Anderseits war der König wie jeder andere Laie der Inquisition für allfällige ketzerische Handlungen verantwortlich. Ferdinand hatte 1492 einen alten Konzilsbeschluss von 638 erneut, wonach jeder König exkommuniziert und abgesetzt werden sollte, der in Ketzerei verfiele; und über die Rechtgläubigkeit des Königs hatte die Inquisition zu wachen. So beherrschte der König die Inquisition, sie aber ihn – am besten kamen beide aus, wenn sie gemeinsame Sache machten.

Man sah die wichtigste Aufgabe des Staates immer mehr darin, die Reinheit des Glaubens zu schützen und jede Ketzerei zu vernichten; die Inquisition, der dies oblag, war daher über alle anderen Behörden gesetzt. Die Ketzerei wird eine Pest genannt, die die Seelen tötet und die Staaten zugrunde richtet, jede Verbrennung solch eines teuflischen Abgesandten war ein reines Opfer für Gott und zugleich der höchste Dienst, der dem Staat erwiesen werden konnte. War der König bei einem Auto anwesend, so musste er schwören, die Heilige Inquisition zu fördern und ihr dienstbar zu sein. Jedes Jahr wurde dem Volk ein Glaubensedikt vorgelesen, jedermann verpflichtete, der Inquisition seine Hilfe zu leihen. Es lautete: „Erhebet eure Hände, und jeder möge bei Gott und der Heiligen Maria und bei den Worten des heiligen Evangeliums auf dieses Kreuz schwören, dass er den heiligen katholischen Glauben und die Heilige Inquisition und ihre Diener und Angestellten unterstützen und verteidigen werde, dass er jeden Ketzer wie jeden Begünstiger und Helfer der Ketzerei und alle, die das Heilige Offizium stören, angeben werde, dass er ihnen keine Gunst tun noch sie verbergen, sie vielmehr der Inquisition verraten werde, sobald er von ihnen erfährt. Wer sich hieran nicht hält, den möge Gott so behandeln wie einen, der mit Wissen einen Meineid schwört. Nun spreche ein jeder: Amen!"

8

Trotz den Anstrengungen der Inquisition wurde es immer deutlicher, dass sich die Morisken mit allen Mitteln der Gewalt nicht zu wirklichen Christen machen ließen. Allerlei Pläne wurden erwogen, ein Priester richtete eine Denkschrift an den König, dass hier nichts hälfe als die völlige Ausrottung der Mauren; andere dachten wie er. Die Gequälten erhoben sich in wiederholten Aufständen, aber waffenlos, wie sie waren, wurden sie grausam niedergezwungen. Philipp II., der harte, kalte Fanatiker – der selbst das Holz zum Scheiterhaufen seines Sohnes herbeitragen wollte, wenn der sich der Ketzerei ergäbe –, Philipp II. ließ 1569 eine große Anzahl Morisken gefesselt in die Berge Nordspaniens führen, wo sie teils zugrunde gingen, teils Fuß zu fassen vermochten und sich einbürgerten. Durch solche und ähnliche Maßregeln verarmte der fruchtbare Süden des Landes, die „alten Christen" liebten es ja mehr, faul die Herren zu spielen, als selbst ihre Hände an die Arbeit zu legen.

Im Jahre 1609, als Philipp III. König war, wurde nach langen Beratungen beschlossen, alle Morisken (also alle freiwillig oder gezwungen zum Christentum übergetretenen Mauren) aus dem Land zu treiben. Man begann in Valencia. Innerhalb dreier Tage hatten sich alle Morisken in den Hafen zu begeben, wo Schiffe bereit lagen, um in die Berberei übergesetzt zu werden. Sie durften mit sich nehmen, was sie tragen konnten, nicht mehr; was sie hinter sich ließen, fiel dem Grundbesitzer und dem Staate zu. Doch der scheinbare Gewinn kehrte sich beiden zum Schaden: niemand war da, die Felder zu bestellen, Handel und Wandel aufrechtzuerhalten. Nach Valencia folgten die anderen Städte. In langen Zügen wanderten die Vertriebenen dem Meere zu, oft wurden sie noch auf den Straßen von bewaffneten Banden geplündert. Überm Meer fanden sie neue Feindschaft, wurden von Neuem ausgeraubt, von wilden Stämmen erschlagen. Anderen gelang es, die Küsten Frankreichs zu gewinnen, wo man sie aufnahm.

Die Anzahl der vertriebenen Morisken wird zwischen dreihunderttausend und einer Million geschätzt; kein Zweifel, dass bei dem summarischen Verfahren viele wirkliche Christen mit ihnen übers Meer geschickt worden sind.

Nur dieses eine Mal in neueren Zeiten ist ein ganzes Volk aus seiner Heimat vertrieben worden – aber die Maßregel erwies sich doch als eine Unmöglichkeit. Viele Morisken hatten sich Christen in die Sklaverei gegeben, andere bestachen die Beamten und lebten im Verborgenen weiter. Die Inquisition hatte vollauf zu tun, sie aufzustöbern und zu verbrennen. Hin und wieder gelang es einem Moriske (oder einem Converso), der des Rückfalles in seine frühere Religion beschuldigt worden war, der Inquisition dadurch zu entgehen, dass er nachwies, er wäre niemals getauft worden und unterstände daher nicht dem geistlichen Gericht. Zweifellos ist es für den Begüterten leichter gewesen, solch einen Nachweis zu erbringen, als für den Armen. Noch 1769 wurde eine Moschee in Cartagena entdeckt – das letzte Mal, dass die Inquisition mohammedanische Ketzerei aufspürte. Aber es gibt noch heute abgelegene Dörfer im Süden Spaniens, wo die katholische Bevölkerung maurische Gesichtszüge und Überreste maurischer Sitten zeigt; das arabische Schleiertuch schützt die Frauen vor den Blicken fremder Männer. Überall sind die Namen der Städte, der Flüsse, der Berge als Zeugen der Vergangenheit arabisch geblieben.

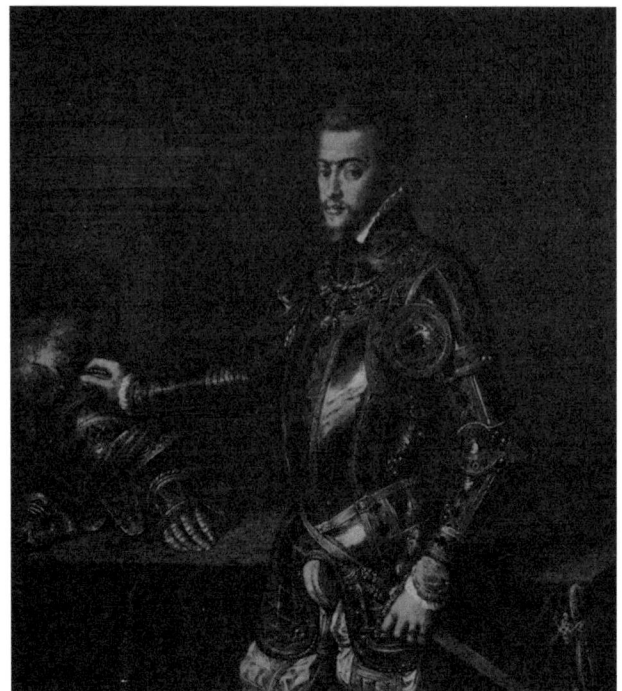

Tizian: Philipp II.

9

Der radikale Antisemitismus – dieser Ausdruck ist hier in seinem wörtlichen Sinn zu verstehen – des spanischen Volkes und seiner Exekutive, der Inquisition, haben die Wirkung gehabt, dass das altspanische Blut im Laufe der Generationen so stark mit jüdischem, maurischem und sogar negroidem durchsetzt worden ist, wie dies in keinem anderen Land Europas auch nur annähernd der Fall sein konnte. Da Mauren und Juden nicht gesondert weiter zu bestehen vermochten, sind sie schließlich, aller Abneigung zum Trotz, assimiliert worden; wie berichtet wird, gibt es heute kaum eine unter den alten Adelsfamilien, die sich nicht wiederholt mit Juden und Mauren vermischt hätte; und geht man offenen Auges durchs Land, so erkennt man auf vielen Gesichtern das unverlöschliche Erbe der Ahnen.

Die Spanier von heute sind Mischlinge: auf das iberische und baskische Fundament haben sich Kelten und dann semitische Phönizier gesetzt, eine dünne Herrenschicht von Römern und Germanen (Vandalen und Westgoten) ist darüber gelegt, starke Bestandteile von Juden, Arabern, Berbern, Negern sind mit aufgenommen worden. Seit dem 17. Jahrhundert ist Stillstand eingetreten, das Land war gegen die Außenwelt abgeschlossen, und ein relativ einheitlicher Typus des Spaniers hat sich herausgebildet. Die romanische Sprache ist sozusagen ein Zufall und vermutlich auf die bessere Organisation der Römer zurückzuführen.

Das „reine Blut" stieg immer höher im Ansehen, und die Erforschung der Genealogie wurde eine wichtige Wissenschaft. Da mit der Reinheit des Blutes eine Art Götzendienst getrieben wurde und da sie außerdem viele Vorteile mit sich brachte, ließ man sich's etwas kosten, mit zu den Auserwählten zu gehören. Das arme Landvolk, dessen Vorfahren niemand kannte, bestand die Blutprobe im Allgemeinen am besten, und an die großen Herren, die nachweislich jüdische und maurische Frauen unter ihren Ahnen zählten, wagte man sich selten heran. Der niedrige Adel und die Städtebewohner hatten am meisten unter den Nachforschungen und Verdächtigungen zu leiden, die besten Köpfe gingen dem Staat verloren, denn mancher wagte nicht, die höheren Schulen zu besuchen oder ein öffentliches Amt anzustreben. Konnte doch jederzeit irgendein persönlicher Feind oder berufsmäßiger Denunziant einige Tropfen schlechten Blutes in seinen Adern entdecken – und die Vermutung war schon fast Gewissheit. Eine Klasse von Parias bildete sich, und niemand wusste, ob er nicht vielleicht durch eine Ehe in sie hinabsänke. Da doch irgendeine Grenze gezogen sein musste, nahm man an, dass die Nachkommen von Mauren oder Juden, die vor dem Jahre 1391 freiwillig übergetreten waren, „alte Christen" seien. Fand sich also unter den Ahnen eines im 17. Jahrhundert lebenden Mannes einer, der um 1400 oder später zum Christentum übergetreten war, so galt sein Blut als „unrein", und der harmloseste Schritt konnte den Verdacht der Ketzerei nach sich ziehen. Es lässt sich denken, dass bei solchen genealogischen Untersuchungen jeder Willkür das Tor offen stand; Betrug und Bestechung blühten.

Wer von der Inquisition in Untersuchung gezogen wurde, der war dadurch – und hätte sich auch hinterher seine Unschuld herausgestellt – ehrlos geworden und den Leuten unreinen Blutes gleich. Die eigentliche Strafe war nur ein geringer Teil dessen, was er zu erleiden hatte, er und alle seine Nachkommen waren von jedem höheren Beruf und von jedem Amt ausgeschlossen. So wurde die Klasse der Parias immer weiter vermehrt – und manche der Besten fanden sich unter ihnen. Dies ist der größte Schaden, den die Inquisition dem Lande zugefügt hat. In einigen Provinzen ist die „Reinheit des Blutes" bis ins 19. Jahrhundert geprüft worden, auf ihr ruht der berühmte Stolz des Spaniers, des „alten Christen".

DRITTES KAPITEL

DER GERICHTSHOF, DER PROZESS, DIE FOLTER
UND DAS AUTO DE FE

1

Der erste Gerichtshof, der 1451 in Sevilla eingesetzt wurde, bestand aus zwei Dominikanermönchen als Inquisitoren, einem gesetzeskundigen Beisitzer und einem Fiskal, wozu bald noch zwei Konfiskatoren kamen. Torquemada bestimmte, dass jeder Gerichtshof aus zwei Inquisitoren, einem Juristen als Beisitzer, einem Alguazil und einem Einnehmer zusammengesetzt sein sollte, samt Notaren und untergeordneten Beamten. Hierzu kamen die königlichen Funktionäre, denen die Beschlagnahme und die Verwaltung der Güter oblag. Kein Angestellter der Inquisition durfte der private Diener eines Inquisitors sein. Die Arbeit der Gerichte wuchs schnell zu solchem Umfang an, dass man immer mehr Beamte jedes Grades nötig hatte, und wie Ferdinand auch auf die Einschränkung der Kosten drang – die aus dem Erträgnis der Konfiskationen bestritten werden sollten – es war nicht möglich, seine Anordnungen zu erfüllen.

Das Amt eines Inquisitors war dem Laien zugänglich; heiratete jedoch einer, so musste er zurücktreten, denn man nahm an, dass ein Verheirateter nicht so leicht das Geheimnis, die Seele des Ganzen, wahren könnte. Beim Amtsantritt eines neuen Großinquisitors wurden ebenso wie beim Regierungsantritt eines Königs, alle Inquisitoren neu ernannt oder bestätigt. Inspektoren, sogenannte „Visitadores", Vertrauensleute der Suprema, kamen von Zeit zu Zeit, die einzelnen Gerichtshöfe zu kontrollieren.

Die Notare oder Sekretäre hatten die Protokolle und Akten zu führen, die Angeklagten und alle Zeugen zu verhören. Der Alguazil war das ausführende Organ des Gerichtes. Ihm gebührte bei der Verhandlung der Vorsitz über die Sekretäre, er war meistens ein Mann von Ansehen, an dessen Glaubenstreue kein Zweifel bestand, und von reinem altspanischem Blut. Sein Stab war länger als der des weltlichen Alguazils.

Den Inquisitoren stand der Promotor oder Fiskal, der Ankläger des Gerichts, zur Seite, jedoch war dieses Amt in den Instruktionen Torquemadas noch nicht vorgesehen, es erwies sich erst später als erforderlich. Sein Sitz befand sich an der Schmalseite des langen Gerichtstisches, hatte kein Kissen, war jedoch dem der Inquisitoren gleich.

Unter den niedrigen Beamten, die dem Alguazil untergeben waren, ist der *Nuncio*, der *Portero*, der *Carcelero* oder *Alzaide de las Carceles segretas* zu nennen. Der Nuncio war der Bote des Gerichtes, dem die Verbindung mit der Suprema oder anderen Gerichtshöfen oblag. Der Portero war eine Art Gerichtsdiener, er stellte die Vorladungen zu, ihm war verboten, einen Laden oder eine Schenke zu halten. Das Amt des Kerkermeisters (Carcelero) bedarf keiner Erläuterung.

Es gab ferner *Consultores* und *Calificadores*. Erstere, Laien oder Juristen, wurden nach dem Ermessen des Inquisitors als Sachverständige zur Urteilsfällung beigezogen. Die Calificadores waren gelehrte Theologen, denen man schwierige Fälle vorlegte, damit sie ihr Gutachten abgäben und entschieden, ob Ketzerei oder Verdacht der Ketzerei bestände. Sie nützten gern die Gelegenheit, um in umfangreichen Schriftsätzen ihre Wissenschaft auszubreiten, und sahen etwa hinter dem Fluch eines angetrunkenen Handwerkers, die gefährliche frühchristliche Ketzersekte der Karpokratianer durchschimmern.

Kommissionäre der Inquisition waren ihre Geheimpolizisten, die die Ketzer auszuforschen hatten.

Ein Arzt sollte bei der Tortur zugegen sein, da man den Tod in der Folterkammer durchaus vermeiden wollte; auch hatte er in den nicht seltenen Fällen sein Gutachten abzugeben, wo ein Beschuldigter, der gefesselt im Kerker lag, irrsinnig wurde.

Alle diese Organe der Inquisition mussten Verschwiegenheit geloben, und es sieht nach den Berichten so aus, als ob das Geheimnis auch wirklich bewahrt worden wäre.

Die Schrecken der Bevölkerung waren die Familiare, ein Trupp gewalttätiger und zweifelhafter Männer, die als Diener der Inquisition von keinem weltlichen Gericht gefasst werden konnten, daher nahezu Straflosigkeit genossen und oft genug den Namen der Inquisition für ihre eigenen Zwecke missbrauchten. Angesehene Männer verschmähten es nicht, sich in die Bruderschaft der Familiare, die *Confradia de San Pedro Martyr* aufnehmen zu lassen, und sie zahlten der Inquisition hohe Beträge dafür; der berühmteste Name unter ihnen ist Lope de Vega. Die Familiare mussten alte Christen sein, und weder sie noch ihre Vorfahren durften jemals den Verdacht der Inquisition erweckt haben. Ihretwegen kam es jeden Augenblick zu Beschwerden der bürgerlichen Mächte; 1514 beklagten sich die städtischen Behörden von Toledo beim König über die Frechheit dieser Banden, die den Frieden der Stadt störten. Ferdinand und Kardinal Ximenes erließen mehrere Dekrete, den Unfug einzuschränken, nur Leute von gutem Ruf sollten zu Familiaren ernannt werden, und sie mussten eine Vollmacht, gezeichnet von drei Inquisitoren, bei sich tragen. Als die Behörden von Valencia verlangten, dass die Zahl der Familiare in ihrer Stadt hundert nicht übersteige, erklärte das Inquisitionsgericht, es müsste seine Tätigkeit einstellen; so unentbehrlich waren ihm diese Leute.

2

Jedes Inquisitionsgericht hatte die Aufgabe, über die Rechtgläubigkeit in seinem Sprengel zu wachen, und zu diesem Zweck wurde mehrere Male im Jahre jeder Ort besucht. Einer der Inquisitoren hielt eine Predigt und verkündete das Glaubensedikt (vgl. S. 85). Die Anwesenden wurden aufgefordert, zu melden, ob sie etwas gehört und erfahren hatten, von einem Lebendigen oder von einem Toten, einem Gegenwärtigen oder Abwesenden, was der Ketzerei verdächtig wäre oder auch nur Anstoß zu erregen vermöchte. Da man nicht voraussetzen konnte, dass alle ketzerischen Bräuche und Meinungen im Volke bekannt seien, wurden die mohammedanischen, die jüdischen, die illuministischen, später auch die protestantischen Riten beschrieben. Ferner war jedermann verpflichtet anzugeben, ob er etwas über Zauberei und Dämonenbeschwörung, Beschimpfung von Heiligenbildern, Verspottung kirchlicher Bräuche und Anordnungen oder anderes wusste, was im Laufe der Zeit unter die Gerichtsbarkeit der Inquisition gekommen war, wie Astrologie, Bigamie, Priesterehen, Verführung von Frauen im Beichtstuhl, besonders aber der Besitz von Bibeln in den Landessprachen und von anderen verbotenen Büchern. Diese Denunziation wurde als eine heilige Pflicht hingestellt, innerhalb einer Woche hatte jeder zu erscheinen und protokollieren zu lassen, was er wusste. Wer es unterließ, wurde den Ketzern gleich geachtet und mit ihnen zusammen unter großer Feierlichkeit verflucht. Damit war er nicht nur aus der Gemeinschaft der Kirche, sondern auch aus der bürgerlichen Gesellschaft ausgestoßen. Während der Fluch verlesen wurde, brannten zwei Fackeln vor dem schwarz verhüllten Kruzifix. Schrecklich fielen die Worte des Priesters auf alle, die selbst Ketzer waren oder mit Ketzern in Verbindung standen:

„Wir exkommunizieren und verfluchen im Namen des Vaters, des Sohnes und des Heiligen Geistes, gesetzmäßig, alle Ketzer an unserer heiligen katholischen Kirche, alle, die sie begünstigen und verbergen, und wir übergeben sie dem Teufel … Verflucht, wo immer sie sich aufhalten, in der Stadt oder auf dem Lande, essend oder trinkend, im Wachen oder im Schlaf, lebendig oder tot. Gott möge ihnen Hunger und Pestilenz senden, und sie mögen bei allen Menschen verhasst sein. Der Teufel stehe zu ihrer rechten Hand, und beim Jüngsten Gericht mögen sie verdammt sein. Sie sollen aus ihren Häusern verjagt werden, ihre Feinde mögen ihr Gut nehmen, ihr Weib und ihre Kinder mögen sich gegen sie erheben, niemand möge ihnen in ihrer Not helfen. Sie sollen verflucht sein, mit allen Flüchen des Alten und des Neuen Testaments, möge der Fluch von Sodom und Gomorrha auf sie fallen und ihr Feuer sie verbrennen. Mögen sie von der Erde lebendig eingeschlungen werden wie Dathan und Abiram wegen der Sünde des Ungehorsams. Mögen sie verflucht sein wie Luzifer und alle Teufel der Hölle, um dort zu bleiben mit Judas und den ewig Verdammten, wenn sie nicht ihre Sünden bekennen, um Gnade bitten und ihr Leben bessern." – Das Volk antwortete: „Amen!" – Unterm Geläut der Glocken zog die Geistlichkeit Psalmen singend um die Kirche, die Fackeln wurden im Weihwasserkessel gelöscht mit den Worten: „Wie diese Fackeln im Wasser erlöschen, so wird ihre Seele in der Hölle erlöschen!"

Man mag sich vorstellen, welchen Eindruck diese feierliche und schreckliche Zeremonie auf das Volk machte, wie es kaum jemand wagte, sich mit den Mächten der Erde und der Ewigkeit in Feindschaft zu setzen. Kinder kamen herbei, um ein halbverstandenes Wort zu berichten, das sie von ihren Eltern gehört hatten; die Frau gab ihren Mann an, und wie erst persönliche Feindschaft die Gelegenheit ergriff, ist leicht auszudenken. War doch den Zeugen Geheimnis zugesichert, und diese Zusage ist auch immer gehalten worden. Der Beschuldigte erfuhr niemals, wer ihn ins Unglück gestürzt hatte.

Eine Gnadenfrist von dreißig bis vierzig Tagen wurde verkündet, während der alle Ketzer sich selbst und ihre Mitschuldigen angeben konnten. Kämen sie freiwillig, so sollten sie nicht mit Tod, lebenslänglichem Kerker oder Vermögenskonfiskation bestraft werden, vielmehr mit einer Buße davonkommen, einen Teil ihrer Habe für den Maurenkrieg herschenken und mit der Kirche wieder versöhnt werden.

Manche meldeten sich selbst, um der versprochenen Gnade teilhaft zu werden, vielleicht noch mehr, weil sie eine Denunziation voraussahen. Man nannte sie *Espontaneados*. Aber die Zusicherung der Gnade wurde nicht immer eingehalten. Gab einer, der freiwillig gekommen war, sein Gewissen zu erleichtern und sich mit der Kirche versöhnen zu lassen, nicht so viele Mitschuldige an, als man erwarten durfte, so konnte immer behauptet werden, dass die Beichte nicht vollständig wäre, dass also der Reuige trotzdem bestraft werden müsste. Ein halbes Bekenntnis wurde ja als Mangel an Reue aufgefasst und konnte den Scheiterhaufen nach sich ziehen. Mangel an Reue war schon, wenn einer Freunde und Verwandte zu schonen versuchte; den Morisken besonders wurde nachgesagt, dass sie jeder Denunziation abgeneigt wären, – sie zu fangen, war auch das Gnadenedikt vor allem bestimmt. – Man kam bald darauf, dass es weit gefährlicher war, sich der Gnade der Inquisition anzuvertrauen als im Falle einer Anzeige zu leugnen; machte man doch zumindest die Inquisitoren auf sich aufmerksam, was immer gefährlich war und im Falle der Wiederholung den sicheren Feuertod zur Folge hatte.

Ich übersetze hier das Bekenntnis einer Frau, die, auf die verkündete Gnade bauend, vor dem Inquisitionsgericht in Toledo erschien, sich selbst und ihren Mann angab, aber trotz Geständnis und Reue verbrannt wurde (1483): „Ich, Maria Gonsales, Frau des Juan Panpano, erscheine vor euch in tiefer Demut und Bereuung meiner Sünden und mit Gewissensbissen und vertraue eurer Gnade. Ich erkläre, dass ich seit meiner Verehelichung immer eine gute Christin gewesen bin. Es mögen etwa sechzehn Jahre her sein, da hat sich mein Mann einer anderen Meinung zugekehrt, hat den katholischen Glauben verlassen und jüdische Bräuche angenommen, und da ich ihm nicht folgen wollte auf seinem üblen Weg, hat er mich geschlagen, gegen meinen Willen durfte ich am Samstag nicht spinnen noch kochen. Mein Vater hat als ein guter Christ gelebt und ist so gestorben. So ging es sechs oder sieben Jahre, und da ich wusste, dass mein Mann das Fleisch nicht aus der Fleischbank bezog, wollte ich es nicht essen, aber er schlug mich sehr und zwang mich, es zu essen. Es sind jetzt zehn Jahre her, dass ich fern von ihm lebe, ich wollte niemals mit ihm zusammen sein, da ich fürchtete, er könnte mich in seine Irrtümer verstricken. Vor etwa zwei Jahren verlangte er von mir, dass ich dünnes Brot (ungesäuertes Brot?) esse, und zwang mich zwei oder drei Mal, gegen meinen Willen, es zu essen, und um die Bitterkeit zu vermeiden, die er mir bereitete, habe ich es getan. Ich spann nicht an mehreren Samstagen, und habe es dem Pfarrer von Santiago gebeichtet, der mir befahl zu spinnen, und fortan habe ich immer gesponnen und meine Pflichten als eine gute Christin erfüllt usw. Alles das bereue ich mit aufrichtigem Herzen und mit reinem Willen und bitte Gott um Gnade und euch, ihr Herren, dass ihr mir eine Buße auferlegt. Ich bin bereit, sie mit willigem Herzen zu empfangen."

Büßer mit Sanbenito und Kerze

3

Obgleich die Macht der Inquisition, einzukerkern, unbeschränkt war, musste doch eine Handhabe da sein, eine Denunziation, ein Geständnis oder zumindest ein Gerücht. Die Calificadores (sachverständige Theologen) hatten zu entscheiden, ob das Verbrechen oder der Verdacht der Ketzerei vorliege, worauf der Fiskal mit den Inquisitoren zusammentrat (*Consulta*) und im Falle der Übereinstimmung ein Schriftstück, die *Clamosa*, ausfertigte, mit dem die Einkerkerung verfügt wurde. Der Fiskal erhob auch später, wenn der Beschuldigte im Kerker lag, die Anklage gegen ihn, die mit der Bitte endete, man möge ihn solange foltern, bis er die Wahrheit bekannt hätte. Ein Zweifel an der Schuld schien also schon nach der ersten Denunziation nicht mehr zu bestehen. Lag ihm noch ein anderes Vergehen zur Last, das mit Ketzerei nicht zusammenhing, so musste dies dazu dienen, seinen unchristlichen Lebenswandel zu bezeugen.

Wer in den Kerker der Inquisition gebracht wurde, er mochte schuldig oder unschuldig sein, hatte seine Ehre und höchstwahrscheinlich auch seine Freiheit und sein Gut verwirkt. Die Suprema schärfte den Gerichtshöfen immer wieder ein, dass niemand ohne hinreichenden Grund gefangen gesetzt werde, aber wie alle Vorschriften, die den Angeklagten schützen sollten, hatte auch diese nur geringe Wirksamkeit, weil, gedeckt durch das Geheimnis, das alle ihre Handlungen umgab, Fiskal und Richter tun konnten, was sie wollten. Schlimmsten Falles fanden sich immer ein paar Leute, die irgendetwas der Ketzerei Verdächtiges bemerkt hatten.

Die Schergen der Inquisition kamen, den Angeklagten zu holen, der in der Regel nicht wusste, wessen er beschuldigt war, und dem es auch nicht gesagt werden durfte. Zur Einkerkerung genügte ja auch schon, dass jemand einen Beamten oder Familiar der Inquisition beleidigt hatte. Es ist vorgekommen, dass einer in der Angst vor der Gefangennahme seinem Leben ein Ende gemacht hat. War jemand rechtzeitig gewarnt worden, sodass er flüchten konnte, dann schickte das Gericht eine Anzahl von Familiaren hinter ihm her, die ihn meistens wiederbrachten.

Jeder Beschuldigte wurde in eine besondere Zelle gesperrt und mit Ketten gefesselt. Die Gefängnisse der Inquisition waren im Allgemeinen nicht ärger, vielfach sogar besser als die der weltlichen Gerichte; da man nicht immer über die nötigen Räume verfügte, wurden Wohnhäuser dazu gemietet. Der Gefangene war fortan von der Welt völlig abgeschlossen, niemand durfte mit ihm reden, niemand ihm eine Nachricht bringen. Das Verbot, mit einem Menschen zu reden oder einen Verwandten zu sehen, reichte bis an den Scheiterhaufen, nur ein Beichtvater hatte Zutritt zu ihm. Allerdings kam es oft genug vor, dass ein Angeklagter durch Bestechung von Beamten mit der Außenwelt in Verbindung trat. Ob einer, der im Kerker lag, beichten und kommunizieren durfte, darüber gingen die Meinungen auseinander, jedoch wurde der allgemeine Brauch der Kirche, keinem Sterbenden die Absolution zu verweigern, auch von der Inquisition beobachtet. Starb einer während der Untersuchung, so wurde er beim nächsten Auto, je nach dem Stand seines Prozesses, mit der Kirche wieder versöhnt oder verbrannt – im Bilde. Im Kerker seinem Leben ein Ende zu machen, galt als Eingeständnis verstockter Ketzerei.

Der Angeklagte hatte sich im Gefängnis selbst zu ernähren, und meistens wurde, um ihm das Leben zu fristen, sogleich bei der Festnahme ein Teil seines Besitztums versteigert. Die Organe der Inquisition legten ein genaues Verzeichnis seines Eigentums an, jeder Brief und jede Rechnung wurden registriert, niemand außer der Inquisition durfte über einen Gegenstand der Habe verfügen. Seine Familie konnte betteln gehen, in späterer Zeit pflegte man den Besitz Stück um Stück zu ihren Gunsten zu verkaufen. Wer verborgenes Eigentum des Angeklagten zu nennen und zu finden wusste, erhielt einen Teil davon. Ferdinand hat sich selbst mit diesen Leuten in Verhandlungen eingelassen und ihnen manchmal mehr geschenkt, als sie beanspruchen konnten.

Es bestand die Vorschrift, dass sich jeder Beschuldigte einen Verteidiger und einen Verwalter seines Gutes erwählen durfte, jedoch geriet dies rasch in Vergessenheit; das Gericht sandte ihm selbst einen Sachwalter ins Gefängnis, meist einen Familiar, ein Organ der Inquisition, der nur die eine Bedingung zu erfüllen hatte: altspanischen Blutes zu sein. Unter dem Vorwand des Wohlwollens redete er, jedoch nur in Gegenwart des Inquisitors, mit seinem Klienten und gab ihm natürlich immer denselben Rat: seine Ketzerei zu bekennen. Die Verwandten des Beschuldigten durften mit diesem Mann in Verbindung treten; wenn er in theologischen Fragen nicht sachkundig war, stand ihm ein Gelehrter zur Seite.

Der Angeklagte wurde prinzipiell als schuldig angesehen. Ihm oblag es, seine Unschuld zu beweisen, wobei er nur ganz ungefähr erfuhr, welches Verbrechens man ihn eigentlich bezichtigte. Da der Inquisitor nicht ein gerechter Richter war, sondern ein Ankläger, der, gehe es, wie es gehe, die Schuld des Angeklagten erweisen wollte, waren ihm alle belastenden Zeugen willkommene Helfer, während er die Zeugen, die zu Gunsten des Beschuldigten aussagten, als seine Gegner betrachtete. Der Angeklagte hatte das Recht, Zeugen zu nennen, die ihn entlasten konnten, man hörte sie an, war aber nicht gehalten, ihrer Aussage das geringste Gewicht beizumessen. Der bloße, nicht weiter begründete Zweifel an ihrem Glaubenseifer genügte, ihrem Wort jede Bedeutung zu nehmen. Juden, Mauren und „neue Christen" konnten den Angeklagten belasten, aber nicht entschulden, wer in einem auch nur ganz entfernten Dienstverhältnis zu ihm stand, wurde abgelehnt, während zur Belastung jedermann, auch der Übelbeleumdete, zugelassen wurde. Die Namen derer, die ihn angezeigt und die gegen ihn ausgesagt hatten, blieben dem Beschuldigten verborgen, ein einziger Zeuge genügte oft, ihn zur Erlangung des Geständnisses auf die Folter zu bringen – man mag sich die unheilvolle Macht böswilliger Menschen vorstellen. Der Pflicht, als Zeuge auszusagen, konnte sich niemand entziehen, sonst machte er sich selbst verdächtig.

Unseren heutigen Anschauungen von Recht, Verbrechen und Strafe läuft alles dies zuwider, aber vieles ist nicht der Inquisition anzukreiden, es liegt in der allgemeinen Härte der Zeit, und die weltlichen Gerichte sind nicht viel sanfter vorgegangen. Die eigenste Erfindung und die unheimliche Gewalt der Inquisition bestand aber in dem Geheimnis, das alle ihre Handlungen umgab. Nicht nur Beamte und Diener, auch die Zeugen mussten schwören, alles zu verschweigen, was sie gesehen, gesagt und gehört hatten, selbst der Angeklagte, der um sein Leben rang, wurde zu diesem Schwur gezwungen; und man wusste, was einem bevorstand, wenn man hätte schwätzen wollen. Der Haftbefehl und jedes andere Schriftstück, das hinausging, musste wieder zurückkommen. Dreihundert Jahre lang durfte nichts über die Inquisition und ihre Prozesse in Schrift, Druck oder Bild verbreitet werden, und wenn wir heute vieles über sie wissen, so ist uns doch wahrscheinlich Wesentliches für immer entzogen, nicht nur weil man bei der Aufhebung der Inquisition große Massen von Akten vernichtet hat, sondern auch weil manches in seiner ganzen Wahrheit niemals in die Archive gelangt ist.

Der Beschuldigte wurde bald nach seiner Gefangennahme dem Gericht „zur Audienz" vorgeführt; man forderte nur eines von ihm:

das Geständnis seiner Ketzerei. Am Anfang beteuerte jeder seine Unschuld. Man las ihm die Erzählungen vor, die zu Protokoll gegeben worden waren, unterdrückte aber die Namen der Zeugen und alle Anhaltspunkte, die darauf hätten führen können. Jede Behauptung musste sogleich beantwortet werden, ein scharfes Kreuzverhör wurde angestellt, aus dem nicht leicht einer heil hervorging. Gestand der Angeklagte sein Verbrechen ein, so hatte er bis zum Auto de fe auf seine Verurteilung zu warten, gestand er und widerrief alsbald, „so sollen die Inquisitoren aufgrund der Verdächtigung und Vermutung, die aus dem Prozess hervorgeht, befehlen, dass der Inquirierte den Irrtum, dessen er beschuldigt und verdächtigt ist, öffentlich abschwöre, und sollen ihm irgendeine Buße nach Gut dünken auferlegen, indem sie gnädig gegen ihn verfahren." (Instruktionen Torquemadas von 1484).

Hatte der Beschuldigte beim Verhör nichts bekannt, so wurde er ins Gefängnis zurückgeführt und blieb dort je nach dem Belieben des Inquisitors kürzere oder längere Zeit; es ist vorgekommen, dass zwischen der Einkerkerung und der Fällung des Urteils fünf, zehn und selbst zwanzig Jahre lagen. Das war die raffinierteste aller Torturen. Oft bekam der Angeklagte schon jetzt einen Vorgeschmack der Folter zu kosten, man legte ihm einen Knebel (*Mardaza*) in den Mund oder befestigte unter seinem Kinn den *Pié de amigo*, eine eiserne Gabel, die um den Nacken festgebunden wurde, sodass er den Kopf nicht rühren konnte. Übrigens wurden auch Leute, die ihr Verbrechen gestanden hatten, mit solchen Instrumenten bekanntgemacht.

Der Inquisitor Nicolaus Eymeric gibt in seinem „*Direciorium inquisitorum*" folgende Ratschläge, um dem hartnäckigen Leugner beizukommen: „Wenn der Inquisitor merkt, dass der Gefangene seine Ketzereien nicht eingestehen will, so stelle er sich freundlich und tue so, als wüsste er alles, obschon er nichts weiß … Er blättere in den Akten und sage: ‚Es ist klar, dass du nicht die Wahrheit sprichst!' – Sodass der Gefangene glauben muss, er sei überführt. Oder der Inquisitor nehme ein Papier zur Hand und spreche mit dem Ausdruck des Erstaunens zum Gefangenen: ‚Wie kannst du leugnen? Mir ist alles klar!' – Und dann lese er in dem Papier und sage: ‚Gesteh nur, du siehst ja selbst, dass ich alles weiß.' Beharrt der Gefangene auf seiner Weigerung, so stelle sich der Inquisitor, als müsste er abreisen, und sage: ‚Ich habe Mitleid mit dir und hätte dich gerne rasch losgelassen, weil du leicht Schaden deiner Gesundheit nehmen könntest. Aber jetzt muss ich abreisen und ich weiß nicht, wann ich zurückkomme. Da du nicht bekennen willst, muss ich dich leider bis zu meiner Rückkehr gefesselt im Kerker lassen.‘ – Dann wird der Gefangene wohl bitten, dass er nicht im Kerker bleiben müsse, und so wird er vielleicht anfangen zu gestehen. (Man erkennt aus dieser Stelle, dass der Kerker nicht nur Untersuchungshaft, sondern schon eine Art von Folter war, um ein Geständnis zu erpressen). Will der Ketzer gar nicht bekennen, so schicke der Inquisitor einen Mann zu ihm hinein, der bekehrt worden ist. Dieser stelle sich, als ob er noch zu den Ketzern gehörte. Hat er das Vertrauen des gefangenen Ketzers (man zweifelt also gar nicht, dass er ein Ketzer ist) erworben, so komme er an einem Abend in den Kerker; ziehe das Gespräch hin und gebe endlich vor, es sei zu spät, um nach Hause zu gehen. Er bleibe sodann die Nacht über bei dem Gefangenen, setze das Gespräch fort und bringe ihn womöglich zu einem Bekenntnis. Währenddessen sollen einige Leute hinter der Türe stehen und horchen, unter ihnen ein Notar, der alles aufschreibt."

Fast immer kam der Augenblick, da der Angeklagte bekannte, was man hören wollte, und auch noch andere Ketzer namhaft machte – vielleicht aufs Geratewohl, um so das Gericht milder für sich zu stimmen. Dies verhalf der Inquisition zu langen Verzeichnissen von Leuten, die der Ketzerei verdächtig waren und die man bis zu einer günstigen Gelegenheit im Auge behielt. Der Angeklagte war ja völlig der Übermacht ausgeliefert, sah vor sich endlose Gefangenschaft, die Tortur, den Untergang seiner Familie. Nur sehr starke Naturen, sie mochten schuldig oder unschuldig sein, widerstanden dem moralischen und körperlichen Zwang, der auf ihnen lastete.

Die Mittel, wodurch das Geständnis erreicht wurde: Angst, Hunger, Betrug oder die Folter, waren gleichgültig, keine Vorschrift engte den Inquisitor ein. Hatte einer bis zum Tage des Autos seine Schuld geleugnet, so ging neben ihm auf dem Wege zum Scheiterhaufen ein Priester, dass er noch im letzten Augenblicke durch Bekenntnis sein Herz erleichtern und vielleicht seine Seele, wenn schon nicht sein Leben, retten konnte. Ihm wurde meistens die Gnade zuteil, vor der Verbrennung erwürgt zu werden. Unter denen, die bis zum Feuertod leugneten, Ketzer zu sein, haben sich rechtgläubige Katholiken befunden, die lieber sterben wollten als sich zur verabscheuten Ketzerei bekennen. Wenn es je wahrhafte Märtyrer auf Erden gegeben hat, so sind sie es gewesen, die zum Untergang noch die Infamie für ihr Andenken und für ihre Nachfahren auf sich genommen haben.

Und doch war es eine Niederlage des Gerichts, wenn einer der mit allen Mitteln bearbeitet worden war, nichts gestanden hatte und als unbußfertiger Ketzer auf den Scheiterhaufen geschickt werden musste. Wer nicht bekannt hatte und nicht überführt worden war, an dem war die Inquisition zuschanden geworden, er konnte ja doch unschuldig gewesen sein. Hier musste man sich mit dem allgemeinen Grundsatz trösten, der schon für die Inquisition des Mittelalters gegolten hatte: dass es besser sei, hundert Unschuldige zu strafen als einen Schuldigen entwischen zu lassen.

Für die Richter bedeutete ein Geständnis nicht nur die Erleichterung ihres Gewissens von der Last, dass sie vielleicht doch einen Unschuldigen gepeinigt hätten, sondern noch mehr: einer der Gott beleidigt und die Menschen betrogen hatte, war auf den rechten Weg gebracht, seine Seele war, dank dem Heiligen Offizium, der Hölle entrissen worden, konnte durch Reue und Buße wieder zum Heil gelangen. Gnädig reichte ihm die Inquisition ihre Hand, legte ihm eine Strafe auf, die Rettung bedeutete. Dass die Strafe eine Sühnung sei, die der Verbrecher freiwillig übernehmen soll, um das Böse in sich abzutun und zu besiegen, das ist ein christlicher Gedanke, der in unserer Zeit von Dostojewski leidenschaftlich gegenüber der modernen Auffassung von Verbrechen und Strafe gepredigt worden ist.

Wir müssen uns die Inquisitoren nicht durchaus als grausame, herzlose und habgierige Menschenfeinde denken, es hat sicherlich viele unter ihnen gegeben, die der Sache Gottes und der Gerechtigkeit zu dienen glaubten, die von dem Bewusstsein erfüllt waren, dass nicht Strafen ihre Aufgabe sei, sondern die Rettung der Seelen, ja der ganzen Welt aus den Schlingen des Bösen.

Das Verhör

4

Die Justiz, die den Angeklagten foltern muss, um ein Geständnis zu erlangen, hat damit selbst bekannt, dass sie unfähig ist, die Wahrheit zu finden. Früher ist schon berichtet worden, dass die Folterung von der Inquisition in das Prozessverfahren der europäischen Staaten eingeführt wurde; diese aus dem römischen Recht stammende Methode hat das germanische Gottesurteil ersetzt. Jedoch wird der spanischen Inquisition nachgerühmt, dass sie milder verfahren sei als die weltlichen Gerichte, die durchwegs die Tortur anwendeten. Ein einzelner Inquisitor hatte nicht das Recht, die Tortur zu verhängen, das ganze Kollegium musste einstimmig sein. Der Beschuldigte wurde aus seinem Kerker dem Gerichte vorgeführt, man beschwor ihn beim Namen Gottes und der Heiligen Jungfrau, die volle Wahrheit zu bekennen, widrigenfalls er so lange gefoltert werden würde, bis er gestanden hätte. Sollte er während der Tortur sterben oder Blut vergießen (so wurde ihm noch weiter eröffnet), dann wäre es nicht die Schuld des Gerichtes, das auf sein Bestes bedacht sei, sondern nur seiner eigenen Verstocktheit zuzuschreiben. Oft gelang es durch diese Drohung und durch den nachfolgenden Anblick der Folterwerkzeuge, den Beschuldigten zu jeder Aussage zu bringen, die man wünschte. Ob es bei der Androhung der Folter blieb – das war bei leichteren Vergehen nicht selten – oder ob sie durchgeführt wurde und in welchem Grade, alles das stand im Belieben des Richters.

Aber selbst wer alle möglichen Verbrechen gestanden hatte, konnte gefoltert werden, um die Namen von Mitschuldigen zu erpressen und so neue Einkerkerungen, neue Prozesse, neue Verurteilungen möglich zu machen. Auch Zeugen, bei denen man Hinterhältigkeit vermutete, wurden gefoltert, und die Akten verraten uns, dass man für dreizehnjährige Kinder, für neunzigjährige Greise keine Ausnahme gemacht und auch schwangere Frauen gefoltert hat, obgleich dies eigentlich verboten war. Doch ist man bei Kranken und bei Greisen hin und wieder milder verfahren.

Die Vorschriften befahlen, dass durch die Folterung das Leben des Delinquenten nicht bedroht, dass sein Blut nicht vergossen und dass er nicht für immer zum Krüppel gemacht werden sollte – damit der

Inquisitor, der ein Kleriker war, nicht der Irregularität verfalle. Bei der Tortur mussten alle Inquisitoren, ein Notar oder Sekretär, manchmal auch ein Arzt zugegen sein (der zu entscheiden hatte, was das Opfer aushalten konnte und was nicht mehr). Dazu kamen die Knechte der Inquisition; jedem anderen war der Raum verschlossen. Der Delinquent, ob Mann oder Frau, wurde in Gegenwart der Kommission entkleidet, häufig, aber nicht immer, ihm ein Schamtuch angelegt. Auch in diesem Stadium war noch Gelegenheit zu bekennen und so der Folter zu entgehen, aber auch jetzt war man noch grausam genug, die Leute nicht wissen zu lassen, was man eigentlich von ihnen hören wollte, sodass oft gar keine Möglichkeit für sie bestand, ein Geständnis abzulegen.

Die Foltermethoden der Inquisition waren ähnlich denen der weltlichen Gerichte. Die Folter durfte nur einmal angewendet und nicht wiederholt werden – wohl aber „fortgesetzt", so oft es der Inquisitor für angezeigt hielt. Die leichteste Art der Folterung waren die *Cordeles*, die Schnüre. Der Delinquent wurde hierbei auf eine Bank geschnallt, Ober- und Unterarme, Leib und Schenkel wurden zusammengeschnürt und immer stärker angezogen. Dann gab es Agua, die Wasserprobe. Der Inquirierte wurde auf ein scharfkantiges Gestell gelegt, das etwa einer Strickleiter glich, seine Arme und seine Beine scharf festgebunden, der Kopf lag tiefer als der Leib und war durch eine Nackenfessel fixiert. Ein Eisen hielt ihm den Mund offen, und ein Leinenstreifen wurde hineingesteckt, auf den langsam Wasser tropfte. Der Gefolterte musste immer schneller atmen, keuchte und würgte und zog unwillkürlich das Zeug in die Luftröhre ein. Bis zu zwei Litern Wasser wurden ihm appliziert. Dann befreite man ihn und fragte, ob er bekennen wollte. Ein anderes Instrument war die *Garrucha*: die Arme wurden auf den Rücken gebunden, ein Strick um die Handgelenke gelegt, und man zog den Delinguenten langsam vom Boden auf, nachdem man Gewichte an seinen Füßen befestigt hatte. Er blieb so lange hängen, bis man dreimal das Miserere gesprochen hatte – Herr, erbarme dich unser! – Hierauf wurde er ermahnt, die Wahrheit zu sagen. Fruchtete die Mahnung nicht, so hängte man neue Gewichte an seine Füße, zog ihn neu auf, ließ ihn rasch fallen – und so fort in verschiedenen Variationen.

Es gab auch noch sonstige Erfindungen, wie glühende Eisen, glühende Steine und anderes, was wir uns ersparen wollen. Alles dies war – das muss um der Gerechtigkeit willen betont werden nicht schlimmer als die Methoden der weltlichen Gerichte, die durch kein Verbot des Blutvergießens eingeschränkt wurden. Immerhin ist auch aus den Folterkammern der Inquisition, der eine und der andere nicht lebendig herausgekommen.

Der Notar führte ein genaues Protokoll und vergaß nicht, mit statistischer Sachlichkeit jeden Schrei des Opfers zu vermerken. Es war aber für den Beschuldigten nicht so leicht, die immer wieder erneute Aufforderung, dass er endlich die Wahrheit bekennen möge, zu erfüllen, denn wohl sagte fast jeder in dieser Situation: „Ja, ich habe es getan"; aber das genügte nicht, er musste, was ihm oft unmöglich war, alle Einzelheiten angeben, damit man feststellen konnte, inwieweit sie mit den Aussagen der Zeugen übereinstimmten.

Aus einem Folterprotokoll mit einer Frau: „ ‚Sprich die Wahrheit!' – ‚Ich habe alles getan, wessen ich beschuldigt bin!' – Eine neue Drehung der Winde, an der die Stricke hängen. – ‚Sage genau die Wahrheit!' – Die Angeklagte schreit: ‚Lasst mich frei! Und sagt mir, was Ihr hören wollt, ich weiß es ja nicht von selbst!' Neue Drehung der Winde, schärferes Einschneiden der Schnüre in den nackten Leib. – ‚Lasst mich frei, ich will alles gestehen!' – Neue Drehung der Winde. – ‚Um der Gnade Gottes willen, ich habe alles getan! Alles! Alles! Was soll ich sagen?' – ‚Du sollst sagen, warum du kein Schweinefleisch hast essen wollen!' – ‚Weil ich Magenschmerzen davon bekommen habe.' – Neuer Zug der Winde." – So geht es weiter, eine Stunde lang, bis zur völligen Erschöpfung. Wir lesen von einem alten Bauern, der gefoltert wurde, weil irgendjemand behauptet hatte, seine Ansichten über Reue, Taufe und Ähnliches wären nicht ganz orthodox. Zweifellos hat er von allem, was er abschwören musste, nichts verstanden.

Die Geständnisse, die auf der Folter gemacht worden waren, mussten am anderen Tag wiederholt werden, damit es nicht hieße, sie seien erzwungen worden. Mancher widerrief, und dann wurde die Folterung „fortgesetzt". Wer auf der Folter nichts bekannt hatte, galt im Prinzip, weil dies ja das äußerste Mittel war, ein Geständnis zu erlangen, für unschuldig; aber begreiflicherweise war es den Inquisitoren wenig angenehm, einen Unschuldigen gefoltert zu haben, irgendetwas ließ sich am Ende finden. – Man erzählt uns immerhin, dass die Folterknechte mit sich reden ließen und manche Übung mehr für die Augen der Kommission durchführten; wenn der Delinquent nämlich ein Stück Geld daran wenden konnte.

Die Folter war bei der spanischen Inquisition bis zum Jahr 1816 im Brauch, dann wurde sie durch einen Befehl des Papstes verboten.

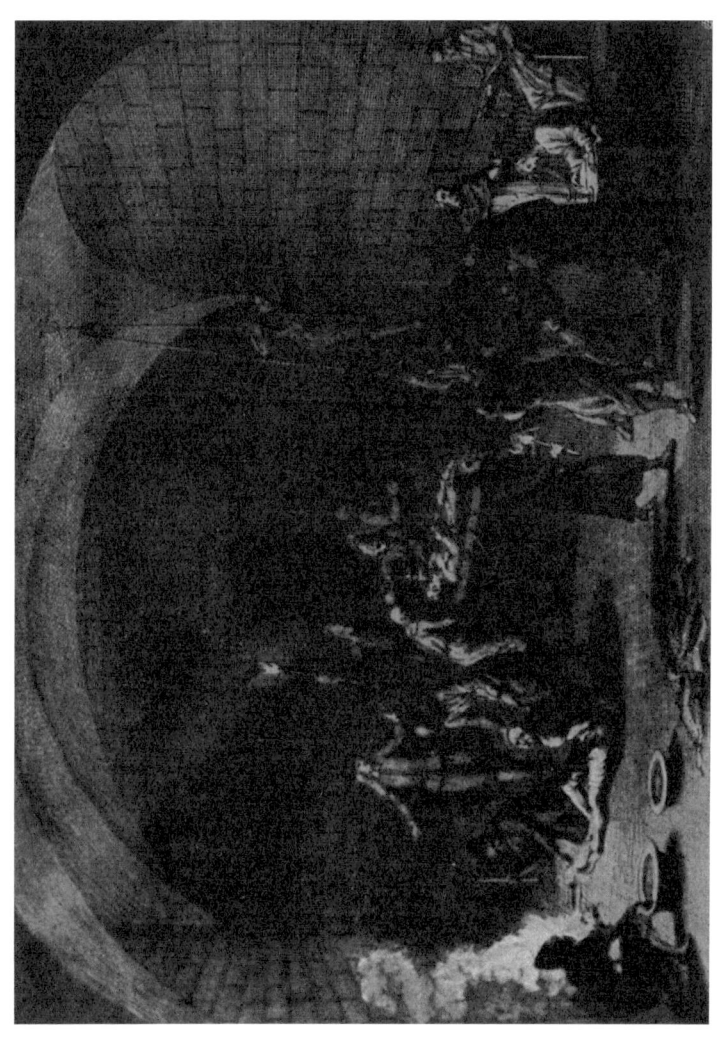

Die Folter

Das Urteil wurde „*Christi nomine invocato*" ausgesprochen. Die Inquisitoren traten mit dem Bischof, in dessen Diözese der Angeklagte zu Hause war, oder seinem Vertreter sowie einigen Juristen und Theologen, den *Consultores*, zusammen, und diese Kommission bildete die *Consulta de fe*. Ob die Consultores mit zu entscheiden hatten, oder ob ihnen nur das Recht zustand, ihre Meinung zu äußern, war strittig. Grundsätzlich stand jedem Angeklagten das Recht zu, an die Suprema zu appellieren, die die Urteile bestätigte, jedoch ist dieses Recht auf dem Papier geblieben.

Freisprüche waren selten; sie bedeuteten auch nur, dass die Beweise nicht hingereicht hatten, fand man ein neues Zeugnis, so nahm man den Prozess wieder auf. Alle Akten wurden sorgsam bewahrt und registriert. Um in Fällen, wo schlechterdings nichts zu beweisen war, nicht freisprechen zu müssen, wurde mancher Prozess in Schwebe belassen, auf unbestimmte Zeit suspendiert, der Angeklagte wusste dann niemals, woran er eigentlich war. Manchmal gab man ihm ohne besonderen Grund eine leichte Strafe, denn die Inquisition hielt auf den Ruf ihrer Unfehlbarkeit. Dann hatte der Inquirierte eine Bürgschaft zu stellen, dass er dem Gericht jederzeit zur Verfügung bliebe, und wurde freigelassen. Torquemada wollte einen Freispruch, d.h. also einen Missgriff seiner Inquisition, überhaupt nicht dulden und schickte einen solchen Akt regelmäßig zu neuer Untersuchung und Folterung zurück.

Konnte man einem gar nichts beweisen, so erteilte man ihm wenigstens eine Ermahnung und Rüge: „Da sein Verbrechen nicht bewiesen worden war, wurde er ermahnt und für die Zukunft gewarnt." So lautete eine Formel. Der reuige Ketzer hatte außer seiner Strafe noch den Irrglauben abzuschwören. Die Hände vor dem Kreuz auf dem Evangelium, schwor er, dass er jede Art der Ketzerei verabscheute und verfluchte, dass er bis an seinen Tod den wahren Glauben der katholischen Kirche beobachten und dem Papst und seinen Befehlen Gehorsam leisten, dass er mit keinem Ketzer Gemeinschaft haben, sondern ihn der Inquisition anzeigen wollte. Er schwor weiter, jede ihm auferlegte Buße reuig zu erfüllen. Sollte er abermals in Ketzerei fallen, so hätte er die Strafe zu erdulden.

Als leichte Strafe galt ferner die Verbannung, die einige Jahre währte, auch der Befehl zu einer Pilgerfahrt. Geistliche Strafen wurden meistens noch hinzugefügt, wie das Rezitieren von Gebeten, das Messehören, das Fasten. Wer sich nicht des Verbrechens, sondern nur des Verdachtes der Ketzerei schuldig gemacht hatte, wurde unter der Bezeichnung eines „Almosens" zu einer Geldstrafe verurteilt. Schwerer drückte die Beschlagnahme alles Eigentumes, die in Fällen erwiesener Ketzerei niemals ausblieb.

Eine andere Strafe war die Verurteilung zum Galeerendienst, die Ferdinand der Katholische eingeführt hatte, weil er Ruderer für seine Schiffe brauchte; die Gerichte wussten, dass ihm und den späteren Königen diese Art, Ketzerei zu bestrafen, sehr willkommen war und ließen es an Eifer nicht fehlen. Schwache Leute, die sich für solch eine Arbeit durchaus nicht eigneten, wurden auf die Galeeren geschickt. – Es kam auch vor, dass man verurteilte Ketzer als Sklaven verkaufte.

Immer mehr bürgerte sich die Übung ein, dass verschiedene Strafen, besonders Verbannung, Gefängnis, Galeere und das Tragen des *Sanbenito*, durch Geld abgekauft werden konnten, ja es bildete sich ein Tarif aus. Da jeder, der einmal, ob schuldig oder unschuldig, von der Inquisition eingekerkert worden war, seiner bürgerlichen Rechte verlustig ging und keinen angesehenen Beruf mehr ausüben konnte, ließen sich bald auch diese Folgen durch Geldzahlungen abwenden. Ein gewisser Juan Gerónimo (Anfang des 16. Jahrhunderts) musste z.B. so lange den Sanbenito tragen, bis er der Inquisition tausend Gulden erlegen konnte, und in Cordoba löste ein Inquisitor für sich selbst 150.000 Maravedis von Leuten, denen er den Sanbenito nachsah. Wer den Gewinn aus diesen Dispensen – die offenbar eine Art Ablasshandel vorstellten – einstecken sollte, die Inquisition, der König oder der Papst, darüber war man nie recht einig; im Jahre 1497 zog Ferdinand 6.499.028 Maravedis aus Dispensen, die allein in Toledo verkauft worden waren. Die Nachkommen eines Verurteilten, die sonst Schande und Ehrlosigkeit hätten tragen müssen, vermochten sich durch solche Zahlungen wieder zu rehabilitieren.

Wie bei den weltlichen Gerichten, so war auch bei der Inquisition die Strafe des Geißelns eingeführt. Am Tage des Auto de fe, wo alle

Sprüche verkündet wurden, erschienen die Verurteilten mit einem Strick um den Hals, in den Knoten geschlungen waren, und jeder Knoten bedeutete großzügig hundert Hiebe, die am nächsten Tag vor allem Volke mit einer ledernen Geißel zugeteilt wurden. Da zog die Prozession der Verurteilten durch die Straßen und das fromme Volk ließ sich's nicht nehmen, mit Steinen auf die Ketzer zu werfen. Jeder saß, bis an den Gürtel nackt, auf einem Esel, seinen Strick um den Hals und auf dem Kopf die *Coroza*, eine hohe spitze Mütze, die seine Sünden im Bild zeigte. Ein *Pié de amigo* (vgl. S. 95) hielt den Kopf aufrecht. Männer und Frauen, Kinder und Greise wurden dieser harten Strafe unterworfen, mancher kam nicht mit dem Leben davon. Wenn man hört, dass einem Hirten in Sevilla (1559) wegen Beleidigung der Religion vierhundert Geißelhiebe zugeteilt worden sind; so wundert man sich, was ein solcher Analphabet verbrochen haben mag.

Hinter diesen Delinquenten wurden in gleicher Kostümierung andere geführt, die zur Strafe der *Vergüenza* (Schande) verurteilt worden waren. Ihre Geißelung wurde nicht wirklich vollzogen, aber sie galt für geschehen, und die Schande war gleich.

Jeder Ketzer wurde, sofern er mit dem Leben davonkam, zum Tragen des Schandkleides, des *Sanbenito* verurteilt, in dem er beim Auto de fe zu erscheinen hatte und den er für eine Reihe von Jahren, oft bis an sein Lebensende, nicht ablegen durfte. Der Sanbenito (*Saco bendito*, geweihter Kittel) war ein hemdartiger gelber Mantel, der auf der Brust und auf dem Rücken ein großes rotes Kreuz, später ein spitzwinkeliges St. Andreas-Kreuz zeigte. Torquemada führte 1490 ein, dass Ketzer, die erst nach Beendigung des Prozesses wieder mit der Kirche versöhnt worden waren, den *Sanbenitillo* tragen mussten, der nicht gelb war, sondern schwarz oder grau. Die zur Verbrennung Bestimmten erschienen beim Auto im Schandkleid, und darauf sah man Höllenflammen und Teufel, die den Ketzer in ihren Abgrund schleuderten. Wer nur im Verdacht der Ketzerei stand oder freiwillig bereut hatte, musste den Sanbenito nur beim Auto tragen. Hätte sich einer unterfangen wollen, den Schandkittel unerlaubterweise abzulegen, so hätte er sich neuer Ketzerei schuldig gemacht.

Wir können uns die wirkliche Bedeutung dieses Sanbenito gar nicht mehr so recht vorstellen, weil nämlich die eigentümliche spanische

Auffassung der Ehre dazu gehört. Die Ehre ist für den Spanier die Meinung, die andere von mir haben, und nichts sonst, ich selbst vermag mir Ehre weder zuzuerkennen noch abzusprechen. In Lope de Vegas „Komtur von Cordoba" heißt es:

Deine Ehre ruht im anderen,
Keiner kann sich selber ehren,
Denn von anderen nur empfängt er
Seine Ehre. Mag er auch
Reich an Tugend und Verdienst sein,
Ist er doch noch nicht geehrt,
Erst wenn die Gelegenheit kommt,
Dass ihm andere Ehr' erweisen,
Dann ist er geehrt in Wahrheit.

Wer also ein Schandkleid trägt, vermag sich nicht im Herzen darüber als über eine Äußerlichkeit hinwegzusetzen, er ist für sich selbst und für die Welt völlig verschimpfiert und verachtet, jeder Ehre bar. Und so ist dieser Sanbenito, der so leichten Herzens verhängt wurde, eine unerhört grausame Strafe, mit der sich nichts in unseren Gewohnheiten vergleichen lässt.

Die Sanbenitos waren gewissermaßen kultische Gegenstände und durften nach dem Gebrauch nie wieder verschwinden, mussten vielmehr, mit dem Namen ihres ehemaligen Inhabers versehen, in den Kirchen aufbewahrt werden. War ein Sanbenito zusammen mit seinem Träger verbrannt, so fertigte man gewissenhaft einen neuen an und bewahrte ihn zum ewigen Gedächtnis. Man ließ sich auch nicht die Mühe verdrießen, die in den Kirchen aufgehängten Sanbenitos zu inspizieren und die mottig gewordenen durch neue zu ersetzen. Die riesige Kathedrale von Toledo wär mit der Zeit so voll geworden von diesen alten Kleidern, dass man sie 1538 neu revidierte und in die Kirchen der Umgebung austeilte, jeden Sanbenito dorthin, wo noch Kinder und Enkel des Betreffenden lebten. Hätte ein so beschimpfter Sohn den Sanbenito seines Vaters aus der Kirche entwenden wollen, so hätte ihm das wenig geholfen, denn man führte genaue Verzeichnisse und bestellte rasch beim Schneider ein neues Kleid.

Gegen das Ende des 17. Jahrhunderts hörte die Pietät gegen die Sanbenitos allmählich auf, sie gerieten in Verfall und Vergessenheit. Merkwürdigerweise wurde man auch zur Rekonziliation, zur Wiederversöhnung mit der Kirche, wie zu einer Strafe verurteilt. Es wurde erklärt, dass der Reumütige ein Ketzer gewesen wäre, die Bräuche der Juden, der Mohammedaner oder der Protestanten befolgt und dafür seine Strafe empfangen hatte. Da er jedoch gebeten hatte, als ein reuiger Sünder der Kirche wieder einverleibt zu werden, werde die Exkommunikation aufgehoben und der Bußfertige mit der Kirche versöhnt. Beim öffentlichen Auto erschien er im Sanbenito mit einer brennenden Kerze in der Hand, der Sekretär der Inquisition las die Abschwörungsformel und der Bußfertige wiederholte sie. Der Inquisitor exorzisierte ihn, das Miserere wurde gesungen, währenddessen man den reuigen Sünder mit Ruten auf die Schultern schlug. Das Kreuz auf dem Altar wurde aus seinen schwarzen Hüllen genommen, ein Hymnus erklang.

Die so mit der Kirche Versöhnten wurden bis an ihr Lebensende eingekerkert, und es kam vor, dass sie verhungerten, weil man alle ihre Habe beschlagnahmt hatte. Im Allgemeinen jedoch konnten diese Leute damit rechnen, dass man sie in ein paar Jahren fortschickte, weil es nicht genug Kerker in Spanien gab, um alle bußfertigen Ketzer bis an ihren Tod festzuhalten.

Jeder Ketzer konnte nur einmal wieder mit der Kirche versöhnt werden, verfiel er abermals in Ketzerei, so war unweigerlich der Scheiterhaufen sein Los.

Kinder und Nachfahren des als Ketzer Verurteilten, waren ehrlos wie er und durften nichts vom Vermögen der Eltern erhalten. Dies hat schon Innocenz III. der alten Inquisition eingeschärft: „Keine sogenannte Barmherzigkeit darf sich dieser strengen Maßregel entgegenstellen, denn nach göttlicher Anordnung werden die Kinder für die Sünden der Eltern bestraft.“

Wenn einer als Ketzer gestorben war und auf dem Totenbett gebeichtet und bereut hatte, so konnte er auch nach dem Tode mit der Kirche wieder versöhnt werden; sein Gut freilich war verfallen.

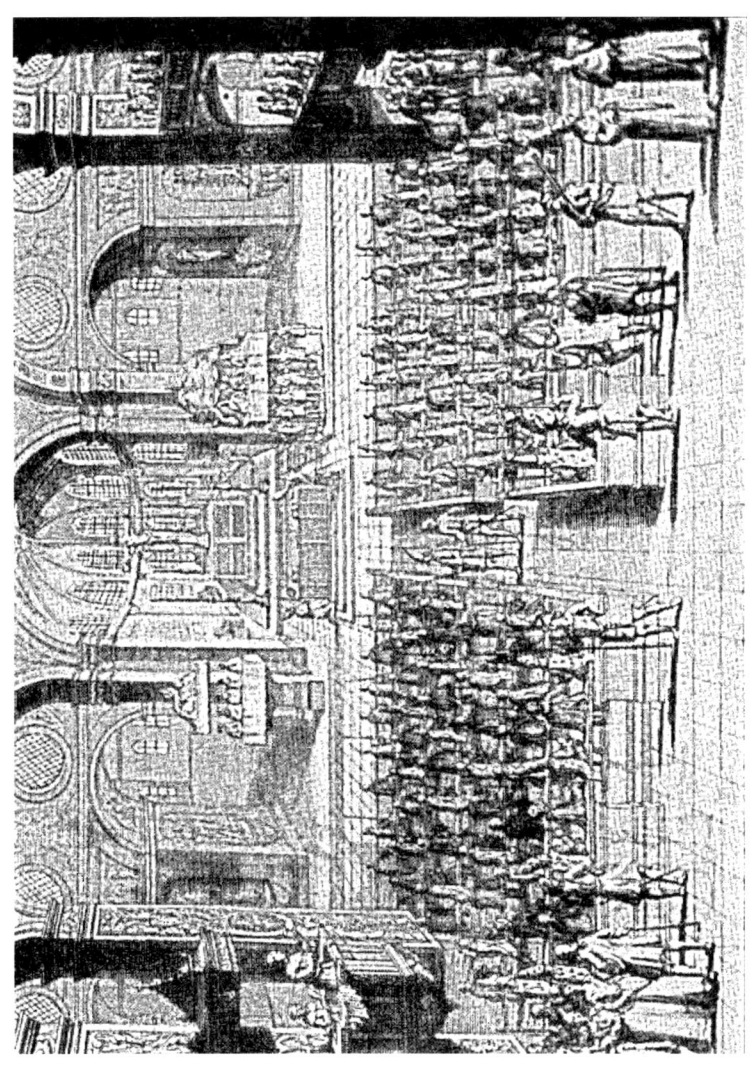

Abschwörung der Ketzerei in der Kirche

6

Wir haben schon bei der Darstellung der alten Inquisition erzählt, dass es dem Inquisitor als einem geistlichen Richter auf Grund der Canones verboten war, ein Todesurteil zu fällen. Für die spanische Inquisition galten die gleichen Vorschriften: ihr Urteil stellte fest, dass keine Hoffnung für die Bekehrung des Ketzers vorhanden sei, er wurde aus der Gemeinschaft der Kirche gelöst und dem weltlichen Arm zur Bestrafung übergeben. Die Unehrlichkeit, mit der hinzugefügt wurde, dass man gnädig mit ihm verfahren möge, ist vielleicht das Hässlichste an der ganzen Institution, die ja, wie wir gesehen haben, mit kräftigen Strafen nicht kargte. Wehe der Behörde, die diese Formel hätte ernst nehmen wollen! Unfehlbar wäre die Exkommunikation mit allen ihren Folgen über sie gekommen, jeder Funktionär wäre als ein Begünstiger der Ketzerei angeklagt worden. Die weltlichen Behörden waren nur Handlanger, man hielt es nicht einmal für notwendig, sie mit den Einzelheiten des Prozesses bekannt zu machen.

Negativo hieß der Ketzer, der nichts eingestanden hatte. Nach gründlicher Folterung wurde er als unbußfertiger Sünder verbrannt. Zwei Zeugen hatten ihn wegen ketzerischer Meinungen oder Riten denunziert – das war der ganze Beweis für sein Verbrechen. So sind durch irgendeine Intrige, rechtgläubige Katholiken von der katholischen Kirche lebendig verbrannt worden – man hat das gar nicht abgeleugnet; sie könnten sich mit dem Bewusstsein trösten, als Blutzeugen für die Wahrheit gestorben zu sein, meinte zynisch ein Autor (vgl. S. 45).

Diminuto wurde der geheißen, der zu wenig bekannt, besonders der zu wenig Mitschuldige angegeben hatte. Es erging ihm nicht besser als dem Negativo.

Der ärgste Verderber des Glaubens und der Schrecken aller Rechtgläubigen war aber der Heresiarch (der Ketzerfürst), der nicht nur selbst ein Ketzer war, sondern auch andere zur Ketzerei verführte. Man vergleicht ihn dem Mörder, denn er vergießt das Blut der Seelen. Mochte er leugnen oder bekennen, verstockt sein oder reuig, er wurde lebendig verbrannt. Ebenso erging es dem rückfälligen Ketzer, den keine Reue vom Scheiterhaufen retten konnte. Als rückfällig wurde schon angesehen, wer nur mit anderen Ketzern Umgang hielt.

So musste jeder, der einmal der Inquisition verdächtig geworden war, in beständiger Angst leben, wieder gefasst zu werden. Jedoch finden sich auch hier Ausnahmen, mit Gold konnte ein rückfälliger Ketzer manchmal sein Leben erkaufen.

Ein „Negativo" beim Auto de fe

Bekenntnis und Reue schützten nicht unbedingt vor dem Scheiterhaufen, es stand im Belieben der Inquisition, die Reue für geheuchelt zu erklären; aber einem solchen wurde die Gnade zuteil, vor der Verbrennung erwürgt zu werden. Es wird uns freilich gesagt, dass dieses Schicksal nicht unbedingt dem lebendig verbrannt zu werden, vorzuziehen sei – es wäre denn, dass der Henker seinen Vorteil dabei fand. Unzweifelhaft ist es der aufrichtige Wille der Inquisition gewesen, alle Irregeleiteten zum wahren Glauben zurückzuführen, sie ließ es auch bei den schon zum Tode Bestimmten an Predigt und Ermahnung nicht fehlen. Bis zur Übergabe an den weltlichen Arm stand dem Delinquenten ein Geistlicher zur Seite, der sich der Seele annahm, wenn schon der Leib nicht zu retten war. Umso verdrießlicher war es, wenn ein überzeugter Protestant und Feind der römischen Kirche, das Vaterunser auf den Lippen, den Scheiterhaufen bestieg. Natürlich galt dies als teuflicher Hochmut; aber der Eindruck solch eines Sterbens und das Beispiel von heroischer Glaubenstreue konnten doch nicht ausgelöscht werden.

Die Asche der Ketzer wurde über die Felder gestreut; hatten sie noch im letzten Augenblick bekannt, so gewährte man ihnen ein Grab.

7

Hinter verriegelten Türen waren Verhör und Folterung vollzogen worden; an einem Tag aber gingen die Tore auf, alle Großen und alles Volk waren zur Verkündung des Urteils geladen, zur großen Feier des Glaubens, zum Auto de fe. Tagelang strömten die Leute aus der Umgebung zusammen, wenn ein Auto angesagt war, einmal, zweimal, auch öfter im Jahr, stets an einem Feiertag. Es war ein Volksfest, und das Volk murrte, wenn zu wenig Ketzer verbrannt wurden. Als 1609 in Valladolid die Anzahl der Scheiterhaufen nicht den Erwartungen entsprach, hieß es, „man hätte sich die Kosten sparen können, zu diesem Auto zu kommen." Das Auto de fe war höchster Dienst Gottes, war der Sieg der Kirche über alle ihre Feinde, Abbild des Jüngsten Gerichts. Wer gegenwärtig war, gewann Teil am Heiligen, Ablass wurde jedem Zuseher gewährt.

Immer eindrucksvoller wurde die Feierlichkeit des *Auto publico general* begangen. Auf dem Hauptplatz der Stadt erbaute man schon lange vorher zwei mächtige Gerüste und zierte sie schön mit Tüchern und Zweigen aus, eines für die Verurteilten und ihre geistlichen Beistände, das andere für die Inquisition und ihre Beamten, für die geistlichen und weltlichen Behörden der Stadt. Die Plätze wurden von der Inquisition nach Rang und Würden zugeteilt, alle Fenster waren besetzt, oft vermietet – man stritt einige Mal, ob dem Besitzer des

Hauses oder der Inquisition der Erlös zuständе. Beim Auto gegenwärtig zu sein, war für Amtspersonen und Behörden nicht nur Auszeich-
nung und Vergnügen, sondern auch Pflicht. Als 1486 die städtische
Behörde von Valencia einem Auto fernblieb, wurde sie von König Ferdinand, der alles erfuhr, scharf getadelt und ihr befohlen, künftighin
im Dienst Gottes eifriger zu sein.

Die Vorbereitungen dauerten wochenlang. Corozas wurden her-
gestellt: hohe zylinderförmige Hüte mit den Flammen der Hölle für
Ketzer, ohne Höllenflammen für Bigamisten, Hexenmeister und falsche Zeugen, Sanbenitos für die Ketzer und die Wiederversöhnten,
Stricke und grüne Kreuze für die dem Scheiterhaufen bestimmten,
gelbe Wachskerzen für die Reuigen, Bündel von Weidenruten für die
Zeremonie der Wiederversöhnung; Porträts der Abwesenden und der
verurteilten Toten, alle in Sanbenito und Coroza und mit dem Namen
des Verurteilten, wurden in Auftrag gegeben und schwarze Kisten für
die ausgegrabenen Gebeine.

War alles so weit, so zogen Familiare und Notare mit Trommeln
und Trompeten hinter dem Wappen der Inquisition durch die Straßen, Glocken wurden geläutet, ein Ausrufer verkündete: „Allen Ein-
wohnern dieser Stadt kund und zu wissen, dass das Heilige Offizium
der Inquisition morgen am Hauptplatz ein öffentliches Glaubensfest,
zum Ruhm und zur Ehre Gottes und zur Erhöhung der heiligen katholischen Kirche abhalten wird." – Die Geistlichkeit der Stadt und die
Insassen der Klöster werden eingeladen, am Zuge teilzunehmen, alle
Beamten der Inquisition haben sich am Tage vor dem Auto zur Prozession des grünen Kreuzes einzufinden.

Bei der Prozession am Abend vorher trägt der Dominikanerprior
ein großes grünes Kreuz, der Majordomo der *Confradia* ein weißes
Kreuz, Familiare die Fahne der Inquisition; sie zeigt ein grünes Kreuz,
das aus einer Krone wächst, daneben das Schwert und den Oliven-
zweig, auf der anderen Seite das Wappen von San Pedro Martyr; es
folgen die Kreuze der Pfarrkirchen mit ihrer Geistlichkeit. Die Prozession zieht langsam durch die Stadt, die heute jedem Wagen verboten ist, zum Festplatz, man pflanzt das grüne Kreuz vor dem Altar auf,
Dominikanermönche bewachen es die ganze Nacht. Das weiße Kreuz
wird zu den Scheiterhaufen gebracht.

Prozession zum Auto de fe

Um neun Uhr Abend begibt sich der Inquisitor ins Gefängnis und teilt den Delinquenten das Urteil mit, das manchen ganz unerwartet trifft. Nicht selten wurde ihnen auch ihr Schicksal erst am Morgen des Autos verkündet, wenn die Knechte mit Sanbenito und Coroza eintraten. In der Qual der Ungewissheit hat sich mancher das Leben genommen. Zwei Mönche bleiben die Nacht über bei den zum Tode bestimmten; sie sind bevollmächtigt, jedem die Absolution zu erteilen, der sich noch im letzten Augenblick bekehrt.

Frühzeitig am anderen Morgen wird am Altar des grünen Kreuzes die Messe gelesen. Die Gefangenen erhalten in ihrem Kerker ein Frühstück, man kleidet sie in Sanbenito und Coroza und führt sie heraus. Soldaten eröffnen den feierlichen Zug, ihnen folgen schwarz verhüllte Kreuze, unter denen eine Glocke geläutet wird. Die Schar der Sünder schließt sich an, zuerst die Reuigen, jeder zwischen zwei Familiaren, dann Betrüger, Gotteslästerer, Bigamisten, Judaizantes, Protestanten, die Bilder der Abwesenden und der Toten mit ihrem Gebein, endlich die Relaxierten, die zum Feuertod bestimmt sind, jeder von zwei Mönchen begleitet. Es folgen Reiter, die Schar der Familiare mit der Fahne der Inquisition, zuletzt die Inquisitoren. So zieht die Prozession durchs Gedränge der Straßen, bis zum Platz, wo die Gerüste stehen. Heute haben die Behörden abgedankt, die Inquisition ist Herrin der Stadt.

Inquisitoren und Beamte nehmen ihren Platz ein, eine Predigt wird gehalten. Als Beispiel möge hier eine Predigt stehen, die der Trinitariermönch Emanuel Guerra Ribera, Professor an der Universität Salamanca, 1671 gehalten hat und die die Einführung der Inquisition durch die Heilige Schrift erläutert. „Am 1. März eröffnete Moses die Stiftshütte, zog Aron das Priesterkleid an, und versprachen die Ältesten der Stämme, seinen Gesetzen zu gehorchen. Aron ist Inquisitor des Gesetzes und wird heute durch die Inquisitoren des Königreiches Aragon vorgestellt. – Christus wird des Aberglaubens beschuldigt, und derselbe Vorwurf wird den Inquisitoren gemacht." Der Redner setzt auseinander, dass die Religion eine Armee ist und dass jeder Soldat seinen Vorgesetzten Meldung machen muss, wo sich der Feind befindet, demnach alle Feinde anzugeben hat. Gibt der Christ, der Soldat ist, die Ketzer nicht an, so wird er mit allem Recht von der Inquisition bestraft. „Der Heilige Stephanus bat Gott, während man ihn steinigte, dass diesen Menschen ihre Sünde nicht zugerechnet werde; aber sie begingen zwei Sünden, sie sündigten gegen ihn, indem sie ihn steinigten, sie sündigten gegen die Inquisition, indem sie dem Heiligen Geist widerstanden. Stephanus bittet Gott um Verzeihung für seine Feinde wegen der Schuld an seinem Tode, sucht aber nicht Vergebung für die andere Sünde auszuwirken, weil sie die Inquisition betrifft und schon Gott selbst angezeigt ist. – Moses war Inquisitor gegen seinen Adoptivgroßvater Pharao, indem er ihn im Meer ersäufte, weil er ein Götzendiener war; gegen seinen eigenen Bruder Aron, indem er ihm vorwarf, dass er in die Herstellung des goldenen Kalbes eingewilligt hatte. Wenn also ein Verbrechen gegen die Inquisition verübt wird, muss man weder auf die Eigenschaft eines Vaters noch eines Bruders Rücksicht nehmen. – Josua war Inquisitor gegen Achan, er ließ ihn verbrennen, weil er einen Teil der Beute von Jericho entwendet hatte, die den Flammen übergeben werden sollte. Von Rechts wegen müssen also die Ketzer im Feuer umkommen. Achan war ein Prinz aus dem Stamme Juda, und gleichwohl wurde er angegeben, also muss jeder Ketzer angegeben werden, wäre er auch Prinz von königlichem Geblüt. – Petrus war Inquisitor gegen Simon den Zauberer, und also züchtigt der Bevollmächtigte und Stellvertreter des Verwesers Petri die Zauberer. – David war Inquisitor gegen Goliath und Saul, strenger gegen den ersteren, weil Goliath freiwillig der Religion Hohn sprach, nachsichtiger gegen den anderen, weil Saul von einem bösen Geist besessen war. Das Buch der Apokalypse ist versiegelt mit sieben Siegeln, weil es das Verfahren der Inquisition vorstellt, welches so geheim ist, dass es mit siebentausend Siegeln versiegelt zu sein scheint. Nur ein Löwe kann es auftun, und dieser Löwe wird dann ein Lamm. Kann man ein deutlicheres Bild eines Inquisitors sehen? In Rücksicht auf das Forschen nach Verbrechen ist er ein verschlingender Löwe; nachdem er sie entdeckt hat, ist er ein Lamm, das alle ins Buch geschriebenen Schuldigen mit Güte, Sanftmut und Mitleid behandelt. – Der Heilige sagt: das Räucherwerk ist wohlduftend; das sind die Gebete der Heiligen. Die Heiligen sind aber niemand als die Inquisitoren selbst, die, ehe sie ihr Urteil fällen, beten. Der Text sagt: die Ältesten haben auch Zithern. Warum sind es nicht Lauten oder Gitarren? Weil das nicht passend gewesen wäre: die Saiten der beiden Instrumente sind von Tierhäuten, und die Inquisition zieht keinem die Haut ab. Die Zither hat metallene Saiten, daher müssen die Inquisitoren von Eisen Gebrauch machen und es nach den Umständen und Bedürfnissen der Schuldigen anwenden. Die Gitarre spielt man mit der Hand, dem Sinnbild despotischer Gewalt, die Zither mit dem Kiel, dem Zeichen der Gelehrsamkeit. Dies muss so sein, weil die Inquisitoren nach ihrer Kenntnis und nicht despotisch entscheiden." Nachdem dies noch eine Weile gedauert hat, besteigt der Sekretär eines der beiden Pulte auf dem Gerüst, zwischen denen die Armsünderbank steht, und liest den Eid vor, der alle Anwesenden bindet, dem Heiligen Offizium gehorsam zu sein und die Ketzer zu verfolgen. Alles antwortet: „Amen." Ist der König zugegen, so geht der älteste Inquisitor zu ihm und fordert ihn auf, zuschwören, dass er den Glauben verteidigen werde, die Ketzerei ausrotten und der Inquisition jede Hilfe leihen.

Einer nach dem anderen werden die Gefangenen vorgerufen, jedem wird sein Urteil verkündet. Das geht ohne Unterbrechung, manchmal bis zum Abend, manchmal muss man am anderen Tage fortsetzen. Die Reuigen kommen zuerst daran, die Relaxierten zuletzt.

Torquemada hatte den Inquisitoren eingeschärft, die toten Ketzer nicht zu vergessen über den lebendigen; auch sie harrten beim Auto ihres Schicksals. Ihre Namen wurden aufgerufen, ihr Bild kam hervor und empfing sein Urteil neben den Gebeinen in der Kiste. Ihre Erben wurden aufgefordert, zu erscheinen und alles herauszugeben, was jene Ketzer hinterlassen hatten. Ihnen wurden Ämter und Titel genommen, sie durften fortan nicht mehr auf Pferden reiten, Waffen führen, Pelze, feines Tuch, Gold, Silber oder sonstigen Schmuck tragen. Die Inschrift, die über dem, nunmehr leeren Grabe stand, musste ausgelöscht werden, dass kein Gedenken des Ketzers auf Erden bleibe, als ein Sanbenito mit seinem Namen, der durch Jahrhunderte in der Kirche hing.

Nachdem alle Urteilssprüche verlesen worden waren, übergab man die relaxierten Ketzer, die Bilder und die Gebeine, dem weltlichen Arm. Die Soldaten lösten eine Salve, nahmen die Verurteilten in ihre Mitte und führten sie zum Scheiterhaufen; oft genug mussten sie vor den Misshandlungen des Volkes geschützt werden. Die Mönche wichen erst von ihrer Seite, wenn die Flamme aufschlug.

Das Auto schloss mit der Zeremonie des Abschwörens und der Wiederversöhnung, worauf die Reuigen in ihren Kerker zurückgesandt wurden. Man entfernte den schwarzen Schleier vom Kreuz und brachte das grüne Kreuz der Inquisition unter Hymnengesang in ihr Haus zurück. Am anderen Tage schworen alle, die mit dem Leben davongekommen waren, den Eid des Geheimnisses, wurden zur Geißelung oder zur Vergüenza durch die Stadt geführt und dann wieder ins Gefängnis, womit die Feier ihr Ende gefunden hatte.

Es ist ein oft wiederholter Irrtum, dass die Verbrennung der Ketzer beim Auto de fe stattgefunden hätte. Dies war, wie schon erzählt, nicht mehr Sache des Inquisitionsgerichtes, nur ein Sekretär war dabei zugegen, der darauf zu achten hatte, dass alles in Ordnung geschähe. Der Verbrennungsplatz befand sich außerhalb der Stadt, und der Brand pflegte bis in die späte Nacht zu währen, weil auch die Knochen in Asche verwandelt werden sollten.

Außer dem großen öffentlichen Auto gab es noch das *Auto particular* oder *Autillo*, das entweder in einer Kirche oder im Saal der Inquisition vorgenommen wurde. Man wollte doch den vielen Leuten, die sich durch Geschwätz, Geschimpfe oder sonstige mehr harmlose Vergehungen eine Strafe zugezogen hatten, und besonders allen Geistlichen die unauslöschliche Schande eines öffentlichen Autos ersparen. Zu dem Autillo in einer Kirche hatte jedermann Zutritt. Autillos wurden auch abgehalten, wenn es ein paar Sündern zuliebe nicht der Mühe wert war, ein großes Auto zu veranstalten – oder wenn man kein Geld dazu hatte. Eine Schwierigkeit ergab sich, weil Todesurteile nicht in der Kirche ausgesprochen werden durften, und so blieb nichts übrig, als vereinzelte Delinquenten anderswohin zu senden, damit sie die nächste Gelegenheit abwarteten. Schließlich nahm man es weniger genau und verbrannte zuerst Bilder in der Kirche, dann ließ man auch Todesurteile ergehen.

Ein spanischer Geschichtsschreiber sagt: „Die Autos sind ein Bestandteil aller Hoffeste wie Stierkämpfe und Feuerwerke." Erst durch ein Auto empfing eine königliche Hochzeit ihren rechten Glanz. Um die Thronbesteigung Philipps III. zu feiern, sollte 1600 ein Auto in Toledo abgehalten werden, doch gab es nicht genug Verurteilte, weil man sie unvorsichtigerweise schon vorher verbrannt hatte. Mühselig suchte man anderswo nach Delinquenten, brachte auch sechsundvierzig zusammen, von denen aber keiner den Scheiterhaufen verdient hatte. Da ein Auto ohne Scheiterhaufen zu armselig ausgefallen wäre, bestimmte man nachträglich einen der Sünder, einen französischen Protestanten, zum Feuertod. Bei der Hochzeit Karls II. 1680 ging es nicht so dürftig zu, da gab es in Madrid ein Auto mit siebenundsechzig Reuigen und neunzehn Relaxierten. Man übergab dem König ein Reisigbündel, der es galant der Königin bot und dann zurückreichte, damit es als Erstes auf den Scheiterhaufen gelegt werde. „Die religiöse Erziehung des jungen Herrschers war offenbar nicht vernachlässigt worden", meint Lea. – Als der Bourbone Philipp V. 1701 auf den Thron kam, lehnte er es ab, bei dem Auto, das man ihm zu Ehren feiern wollte, anwesend zu sein; es unterblieb.

Predigt beim Auto de fe

8

Hier folge in der Übersetzung Professor Schäfers der „Bericht über ein sehr feierliches Auto, das in Sevilla am 24. September 1559 veranstaltet wurde, wobei man folgende Ordnung beobachtet hat". – Es handelt sich um einen Prozess gegen Protestanten, und man sieht daraus, dass die Inquisition Protestanten gelegentlich mit Mohammedanern verwechselt hat.

„Auf der *Plaza de San Francisco* wurden zwei sehr große Schaubühnen gebaut, die eine für die Herren Inquisitoren und das Domkapitel und den Obergerichtshof und die Mönche von San Francisco, und die andere Bühne für die Verurteilten mit der ganzen Klerisei und Mönchen von allen Orden. Auf der letzteren Bühne war ein Altar errichtet für die Degradation des Lizentiaten Juan Gonzalez. Und weiter war auf gedachtem Platze auf der einen Seite eine andere sehr große Bühne errichtet für das Stadtkapitel und auf der anderen Seite der Bühne der Herren Inquisitoren eine andere Bühne für die Herzogin von Bejar und andere Marqueses und sehr vornehme Herren. Dort befanden sich viele Damen mit der Herzogin von Bejar. Und zur Seite der Bühne, für die Büßer war eine andere Bühne gebaut, für andere Grafen und Herren und viele vornehme Damen, und rings um den ganzen Platz waren zahlreiche Gerüste, auf denen eine große Menge Menschen stand.

Von den Leuten, die kamen, um das Auto zu sehen, sagt man, dass sie schon drei Tage vorher anfingen, herbeizuströmen, und die Menge, welche kam, war so groß, dass man in der ganzen Stadt keine Herberge mehr finden konnte und sie aufs Feld hinaus mussten. Und von dem Trianaschloss (Sitz der Inquisition) bis zum Arsenal war alles voll von Gerüsten, worauf eine große Menge Menschen stand. Und an der Brücke von Triana hatte man Tore gemacht, damit die Menschen die Aussicht von den Schiffen und Barken nicht versperrten, die auf beiden Seiten der gedachten Brücke lagen, sodass es ebenso interessant war, den Fluss zu betrachten, wie das Auto selbst. Soweit über die Zuschauerplätze und Lokalitäten und die Menschenmenge, welche sie (die Ketzer) erwarteten.

Um die Verurteilten zu begleiten, wurden zwei- bis dreihundert Menschen bestimmt, alle sehr wohl ausgerüstet mit ihren Hellebarden und sehr wohl gekleidet und geschmückt, sodass es sehenswert war. Und sie marschierten geordnet mit Tambour und Fahne voran zum Trianaschloss, und am Tor erwarteten sie die Büßer, mit denen sie zu obgedachtem Platze gingen. Und ferner erschienen ungefähr um vier Uhr morgens, fünfzig Geistliche mit dem Kreuz von Sta. Ana und gingen zum Schloss, wo sich gegen vierzig Mönche von allen Orden befanden, damit die einen wie die anderen in Prozession die Pönitenten begleiteten. Und zu dem genannten Auto und zur Begleitung der Herren Inquisitoren wurden alle Kapitel, sowohl kirchliche wie städtische, eingeladen, die nach ihrer Ordnung und Anciennität einhergingen: zuerst erschien das Kreuz von Sta. Ana mit den oben erwähnten Äbten und Mönchen in großer Ordnung und darauf kamen zwanzig Alguaciles mit ihrem Alguacil-Mayor Don Sancho und an seiner Seite der Alguacil-Mayor des Heiligen Offiziums, Don Luis Sotelo. Darauf achtzig Pönitenten mit Sanbenito und Kerze und einundzwanzig zum Feuer Verurteilte mit einer Statue des Benefiziaten Francisco de Cafra, der aus dem Schlosse geflüchtet war. Darauf kam der Magistrat der Stadt mit seinen Stabträgern und dann das Domkapitel, voran die beiden Domküster. Endlich die Herren Inquisitoren, vorauf ihr Banner von rotem Stoff, das auf der einen Seite das Wappen St. Peters und, auf der anderen dasjenige, Sr. Majestät trug, neu für diesen Zweck angefertigt. Bei dem Auto waren drei Bischöfe gegenwärtig, der von Lugo, der von Taracona und der von Sanabria. Das ist die Ordnung des Geleites und die Reihenfolge, die man beim Zuge auf die Plaza de S. Francisco beobachtete.

Nun erübrigt noch zu berichten, wie man den einzelnen Orden die Pönitenten zuteilte, und was die Büßer taten und sagten in der Nacht, da man das Urteil verkündigte denen, die sterben, und denen, die pönitenziert werden sollten.

Zuerst wurden aufgerufen acht Patres der Gesellschaft Jesu und zwölf vom Orden des heiligen Dominicus und vier vom Orden der Heiligen Trinität und sechs vom Orden de la Victoria und vier von St. Augustin und ebenso viel vom Orden del Carmen (Carmeliter) und andere vom Orden S. Francisco und de la Merced; nachdem sie sich alle zwischen vier Uhr nachmittags und acht Uhr abends auf den Ruf der Herren Inquisitoren versammelt hatten, vereinigten sich alle die genannten Patres an einem Orte. Nachher, um neun Uhr abends, riefen sie den Pater Rector der Gesellschaft Jesu auf, die sie allen anderen Orden vorzogen; denn sie riefen sie zuerst, und obgedachtem Pater Rector und seinem Begleiter übergaben sie in jener Nacht den Don Juan Ponce de Leon, damit er ihm die Beichte abnehme und ihn zum Glauben zurückführe, denn er war ein verdammter Lutheraner, und obwohl er schon zwei Jahre gefangen saß, hatte er seine lutherischen Irrtümer noch nicht aufgegeben, noch verlassen. Aber nachdem ihm der obgedachte Rector die Beichte abgenommen und ihn zum Glauben zurückgebracht hatte, schwur er, in demselben als wahrer Christ sterben zu wollen. Dieser war in sehr großen Irrtümern und Ketzereien befangen, unter denen vor allem, dass es kein Fegefeuer gäbe und dass die Inquisitoren Antichristi wären, und dass man dem Papst nicht glauben und gehorchen dürfe, noch Bullen von ihm nehmen, noch ihm in irgendeiner Sache Folge leisten, und dass es nicht nötig wäre, den Mönchen oder Äbten die Sünden zu beichten, sondern allein Gott, ein jeglicher in seinem Herzen, und dass man das Allerheiligste Sakrament nicht anbeten solle. Und als er einmal in dem Orangenhof des Domes stand, kam dort das Allerheiligste Sakrament vorbei, und er war eilends weggegangen und hatte sich hinter einen Pfeiler gestellt, und dasselbe riet er allen Leuten, so viele er treffen konnte, und überredete sie, es nicht anzubeten. Und er war der erste, an den die lutherischen Bücher aus Deutschland gelangten.

Er gestand, dass er, nachdem man ihm den Brief aus Deutschland gegeben, den, der sie heimlich brachte, gefragt habe, wo die Bücher wären, und jener antwortete, dass er sie draußen auf dem Felde verborgen habe, weil er sie nicht ohne Gefahr der Entdeckung hereinbringen könne. Und obgedachter Don Juan Ponce de Leon sagte zu ihm, dass er dahin gehen wolle und ging allein mit seinem Maultier und einigen Sattelkörben, die er voll Bücher packte. Und brachte die Bücher in sein Haus, und sogleich am nächsten Tag begann er, sie zu verteilen unter den Personen, von denen er wusste, dass sie das Geheimnis bewahren würden. Und er gab demjenigen, der die gedachten Bücher gebracht hatte, zwanzig Dukaten als Beihilfe zu den Ausgaben und wenige Tage später vereinigten sich der genannte Don Juan und die übrigen an einem Fasttage, und nachdem sie über jene verfluchte und teuflische

Sekte verhandelt hatten, töteten sie einige Tauben und frühstückten. Und wieder einige Tage später, vereinigten sie sich zu dem Beschluss, dass es gut sein würde, an einem bestimmten Orte ein Zimmer einzurichten, um dort zu lesen und sich über jene verfluchte Sekte zu belehren. Und der genannte Don Juan erbot sich, ein Haus zu kaufen und darin eine Art M o s c h e e einzurichten, damit dort jene verfluchte Ketzerei verkündet würde. Und obgedachter Don Juan ernannte da als Lehrer für sie eine bestimmte Person, einen Geistlichen, dessen Namen der Urteilsspruch nicht nannte. Und nachher, an bestimmten Tagen, ging er zur Verbrennungsstätte und stieg auf den Ofen hinauf und sagte, die Hände zum Himmel erhebend: ‚Möge es unserem Herrn gefallen, dass ich mich bald auf dir zu Staub verbrannt sehe zur Verteidigung unseres heiligen Glaubens, denn so hoffe ich erlöst zu werden und wünsche, dass mein Weib und meine Kinder mit mir an diesem Orte leiden zur Verteidigung unseres Glaubens.‘ Und so tat er an diesem Orte viele Male und nachher bei einem anderen Konventikel, das der genannte Don Juan und die übrigen veranstalteten, sagte er: ‚Wollte Gott, dass ich 20.000 Dukaten Einkommen hätte und sie verbrauchen könnte, diesen Glauben über ganz Spanien zu verbreiten und damit die Leute zu erleuchten, dass sie Christen werden, und sie aufzuklären über den Glauben, den sie haben.‘

Er gestand auch, dass er, um den Leuten gegenüber seine Pflicht zu erfüllen, tat, als ob er beichtete, und wenn er kommunizieren wollte, sandte er seine Diener mit gewissen Aufträgen weg, damit sie meinten, wenn sie wiederkämen, er hätte schon kommuniziert, und er befand sich in einer Kapelle verborgen, und so tat er allen gegenüber, die mit ihm verkehrten, anscheinend seine Pflicht. Und seinen Fußtapfen folgten alle, die man verbrannte, in allen diesen lutherischen Irrtümern. Den genannten Don Juan verurteilten sie zum Feuertode und zum Verlust seiner Güter und dass seine Nachkommen männlicher Linie unfähig blieben zu jedem königlichen Amte und kirchlichen Beneficium, zugleich alles das aberkennend, was bei solchen Ketzern rechtsüblich ist. Der genannte Don Juan de Leon war der Sohn der Duquesa de Bailen und Vetter des Duque de Arcos und des Herrn de Fuentes und Verwandter der Duquesa de Bejar und anderer Granden, aber alles das nützte ihm sehr wenig. Und außerdem gestand er, dass er gezögert habe zu bekennen, in dem Glauben, dass sie ihn seines Standes wegen nicht verbrennen würden. Und unser Herrgott sorgte durch seine unermessliche Güte, dass er die Irrtümer einsah, in denen er befangen war, und führte ihn zurück zu seinem heiligen katholischen Glauben, und er starb mit vielen Tränen der Reue über seine Sünden, was man daraus folgerte, dass er noch auf dem Schafott sich, soviel er konnte, bemühte, die übrigen zu überreden, dass sie von ihren Irrtümern abließen und sich zum heiligen katholischen Glauben und zur römischen Kirche bekehrten.

Ferner rief man den Pater Gonzalez von derselben Gesellschaft wie sein Genosse und übergab ihm den Lizentiaten Juan Gonzalez, einen Geistlichen und Prediger, sehr berühmt in Sevilla.

Und sofort zur genannten Stunde, als man ihn dem gedachten Pater übergab, begann er große Angst zu zeigen und fragte, warum man ihm das nicht sechs Tage vorher mitgeteilt, und war sehr zornig. Der Pater antwortete ihm, dass er nicht recht täte, sich so aufzuführen, denn er habe noch genug Zeit, seine Sünden zu bekennen, von neun Uhr am Sonnabend bis sechs Uhr am Sonntagnachmittag, wo er sterben sollte, und wer in dieser Zeit sich nicht bekehre, würde sich in den sechs Tagen, die er verlangte, noch weniger bekehren, und so beruhigte er ihn, so gut er konnte, und als er anfing von seinen Irrtümern zu sprechen, konnte er ihn nicht dahin bringen zu gestehen, dass er Lutheraner gewesen sei, sondern nur dazu, dass er bestimmte lutherische Irrtümer und Satzungen geglaubt habe, und dass er nicht Lutheraner gewesen sei. Dieser glaubte dieselben Irrtümer wie der genannte Don Juan de Leon, nur dass er auch noch einige mohammedanische Irrtümer geglaubt hatte, derentwegen er in Cordoba pönitenziert worden war, als er zwölf Jahre alt war. Und dieser Juan Gonzalez war von Nation Moriske, und man konnte ihn nie zu dem Geständnis bringen, dass er unseren Herrgott in jener verfluchten Sekte beleidigt hätte. Der Umstand vielmehr, dass er nichts anderes im Munde führte als viele Psalmen Davids, die alle nach lutherischer Weise nicht sowohl auf die Gerechtigkeit, Buße und Furcht Gottes als vielmehr auf den Glauben angewendet waren, und dass alle diesen Gott in der Sprache und Redeweise der Lutheraner anriefen, war dazu angetan, die Leute verrückt zu machen. Und jedenfalls waren sie alle verdammte Lutheraner. Seinetwegen hat man einigen Verdacht gehabt, aber unser Herr Jesus Christus wird Mitleid mit ihm gehabt haben.

Den genannten Juan Gonzalez degradierte man auf dem Gerüst mit großer Feierlichkeit zusammen mit einem Mönch von San Isidro. Und als er mit zwei seiner Schwestern auf dem Gerüst stand, sprach er mit ihnen ohne Scham und Gottesfurcht in der Sprache der Lutheraner, und sie verstanden ihn und antworteten ihm in derselben Redeweise, und sofort erhob sich der gedachte Pater von der genannten Gesellschaft gegen ihn und tadelte ihn. Deshalb steckten sie ihm gleich einen Knebel in den Mund, was er mit großem Zorn und Entrüstung gegen den genannten Pater aufnahm. Bei diesem Juan Gonzalez fand man viele lutherische Bücher, und seine schlimmste Tat war, dass er, wie man glaubt, niemals sagen wollte, mit wem er über seine Irrtümer gesprochen hatte, indem er zu verstehen gab, dass er keine Sünde getan und dass er, wenn er unschuldig Strafe erleide, nicht wolle, dass die anderen dasselbe erlitten. Und so glaubt man, weil er alle die übrigen Irrtümer geglaubt hat, die der gedachte Don Juan glaubte. Diesen haben sie verbrannt zu und mit ihm seine zwei Schwestern wegen derselben Irrtümer, wie sie der genannte Juan Gonzalez hatte.

Darauf rief man zwei Mönche von Santo Domingo (Dominikaner), denen man ein junges Mädchen übergab mit Namen Maria de Bohorques, Tochter eines vornehmen Mannes hiesiger Stadt, genannt Pero Garcia de Xerez, Schwiegervater des Herrn de la Higuera; dies junge Mädchen war illegitime Tochter des Obengedachten und sechsundzwanzig Jahre alt.

Die betreffenden Mönche traten in ihre Zelle ein, und sie empfing sie freundlich und fragte nach ihrem Begehr. Und sie erklärten ihr den Zweck ihres Kommens und sagten ihr, dass sie sterben müsse. Sie solle sich in den Willen unseres Herrn ergeben. Und sie antwortete ihnen, dass sie wohl bemerkt hätte, dass sie sterben müsse und Märtyrerin werden für ihren Glauben. Und was die Patres wünschten, dass sie tun solle? Wenn sie ihr sagen wollten, sie solle an Gott glauben, so antworte sie, dass sie allerdings glaube. Die Patres antworteten ihr, dass sie dazu gekommen seien und auch um sie zu trösten und sie zu stärken und ihr die Irrtümer und Ketzereien zu benehmen, in denen sie entschlossen sei zu sterben, denn wenn sie dieselben auch für ein

Mittel zu ihrer Erlösung hielte, so würde sie doch gerade deshalb verdammt werden und in diesem Glauben zur Hölle fahren. Und da sie ja das Heilmittel in Händen halte, solle sie es anwenden und ausnützen, denn nachher würde sie es nicht mehr zur Hand haben. Und so setzten ihr die beiden Mönche zu und gaben ihr zu verstehen, was sie für ihre Erlösung zu tun habe. Aber auf alles das antwortete sie nichts, bis die obgedachten Patres es müde wurden, ihr zu predigen, und dann begann sie, zu ihnen zu reden, und sagte, sie sollten nur nicht glauben, dass wenn sie der Meinung wäre, mit jenem Glauben im Herzen verdammt und nicht erlöst zu werden, sie ihn nicht sofort mit ihrem eigenen Willen von sich abstreifen würde; aber da sie glaube, dass dieser Glaube ihre Hilfe wäre, so sei kein Grund, sie zu überreden, sich von diesem Glauben zu trennen, denn sie sei fest überzeugt von der Wahrheit des gedachten Glaubens und in ihm wolle sie sterben, wie sie auch vorher schon anderen Patres von ihrem Orden und von der Gesellschaft Jesu bewiesen und klargestellt habe. Sie sollten sie nicht von Neuem belästigen in dem Glauben, dass ihnen ihre Gründe etwas nützen würden. Wenn sie sie vermittels einer Disputation bekehren wollten, so möchten sie den einen wie den anderen Glauben durchdisputieren. Und jene anderen Patres hatten schon vor diesen mit ihr disputiert, und sie hatte ihnen mit ihren Gründen und Autoritäten geantwortet, und nun begann sie auch mit diesen über ihren Glauben sehr hitzig zu disputieren und für jeden Irrtum, den sie ihr vorhielten, brachte sie viele Gründe und Zitate aus dem Neuen und Alten Testament vor zur Bestätigung ihrer Irrtümer und sagte, dass das der Sinn jener Stellen sei, um damit ihre lutherischen Irrtümer zu verteidigen. Und so wurde auch in dem Urteilsspruch des genannten jungen Mädchens verkündigt, dass keiner der pönitenzierten Lutheraner zur Verteidigung dieser Sekte Gründe angeführt und vorgebracht habe, mit Ausnahme der genannten Maria de Bohorques. Und von der obengesagten Stunde an, da sie ihr mitteilten, dass sie sterben müsse, kamen abwechslungsweise fast alle Ordensbrüder zu diesem Mädchen, um sie zu bekehren, und niemand konnte mit ihr fertig werden, weil sie in ihrem verfluchten Glauben so verhärtet und überzeugungstreu war. Und als so die Mönche es ganz müde wurden, mit ihr zu streiten, und sahen, dass sie sie nicht zu dem heiligen katholischen Glauben, den

die heilige römische Kirche glaubt, bekehren konnten, gingen sie hinaus und verfluchten sie; einige aber weinten, da sie ihre Verstocktheit
und Unseligkeit und Verblendung sahen, und so geschah es, bis sie sie
herausführten. Dies junge Mädchen konnte sehr viel Lateinisch und
auch etwas Griechisch, und diese ihre Kenntnisse waren teilweise der
Grund ihrer Torheit und Verblendung, denn sie behauptete, dass sie
alle töricht wären, und sogar die Inquisitoren, und sie sagte, dass sie
auch die Sprache verstände wie jene, und dass sie sowohl den wörtlichen wie den geistlichen Sinn der Heiligen Schrift verstände und dass
das, was sie hierüber sage, wirklich so sei, und dass man das übrige
nicht zu glauben brauche. Sie wusste so viel aus der Heiligen Schrift,
dass sich die Mönche darüber verwunderten, und alles das wurde in
lutherischem Sinne aufgefasst, wenngleich die betreffenden Stellen
dem Buchstaben nach etwas anderes bedeuteten, als sie sie auslegte;
sie sagte auch, dass sie Bücher besäße, welche die Heilige Schrift in
jenem Sinn auslegten.

Ihre Irrtümer waren fast dieselben, wie Don Juan sie hatte, nur dass
einige besondere noch schlimmer waren. Unter ihnen war, dass es
nicht sieben Sakramente gäbe, sondern nur eines, nämlich die Taufe,
und dass sie das Sakrament der letzten Ölung verspottete und ver-
lachte: Wozu salbe man die Leute, die sterben wollten, mit ein wenig
Öl? Und bezüglich des Sakramentes der Eucharistie vermochte sie
nicht zu glauben, dass in jenem Brote unser Herr erscheine auf die-
selbe Art, wie er im Himmel wäre, und ebenso wenig vermochte sie
zu glauben, dass jener Wein sich in das wahre Blut unseres Herrn Jesu
Christi verwandele, und es gäbe keinen Grund, dass man die Bilder
verehre und die Heiligen anriefe. Dieses obengedachte junge Mädchen hatte viele lutherische Bücher, und Don Juan Ponce de Leon
sagte, dass sie sie auswendig wüsste, und dass sie sie fortwährend
studierte zu dem Zweck, dass sie, wenn man sie gefangen nähme,
Gründe und Belegstellen hätte, um sich verteidigen zu können und
anderen ihre Irrtümer und lutherischen Ketzereien nahezubringen.
Auf dem Schafott geschah es, dass Don Juan und dies Mädchen einen
Streit miteinander hatten, wodurch die Verstocktheit jenes Mädchens
selbst in jenem Moment noch offenbar wurde. Und zwar versuchte
Don Juan sie zu überreden, dass sie sich zum katholischen Glauben

bekehre und zum Gehorsam der heiligen römischen Kirche zurück-
kehre, indem er sie aufforderte, abzulassen von jenen Sätzen, die ihr
Fray Cassiodoro, ein Mönch von San Isidro, an bestimmten Orten und
in bestimmten Winkeln gepredigt hatte, und von jenen Meinungen,
die sie aus dem Alten Testament geschöpft hatte. Sie antwortete auf
alles dies kein Wort, bis er aufhörte zu sprechen, dann antwortete sie
ihm mit kurzen Worten, nannte ihn einen Idioten und Schwätzer, jetzt
sei nicht die Stunde, so viel zu reden, sondern vielmehr solle jeder in
seinem Herzen an den Heiland denken. Und dann schwieg sie und
antwortete den Mönchen, die sie begleiteten, nur, dass sie eine gute
Christin sei und auf Gott vertraue und fest glaube, erlöst zu werden,
und es schien immer, als ob sie sehr zufrieden und andächtig sei, und
man merkte, dass sie im Herzen das tat, was sie dem genannten Don
Juan gesagt hatte. Das genannte junge Mädchen nannte die Mönche
aufdringlich, weil sie ihr sagten, sie solle von ihren Irrtümern ablassen. Das genannte junge Mädchen wollte sich, je mehr man ihr sagte
und predigte, um so weniger bekehren bis drei Uhr nachmittags, auf
Bitten der Mönche und Äbte. Freilich auch nachher noch spielte sie
mit ihrer Meinung und unserem heiligen katholischen Glauben. Diese
wurde verbrannt, und Gott wolle ihr verzeihen und ihre Schuld und
Sünde nicht angesehen haben. Man sagt, dass sie in unserem heiligen
katholischen Glauben gestorben ist, obwohl etwas verdächtig. Diese
ließ im Gefängnis ihre Schwester, die Frau des Don Francisco de Var-
gas, Herrn de la Higuera, zurück, doch, wie man sagt, aus Neid, weil
ihr Vater derselben eine große Mitgift gegeben hatte. Diese ist noch
gefangen; und Gott möge die Wahrheit kundtun.

Weiter zur selben Stunde übergab man alle übrigen Verurteilten
den übrigen obengenannten Mönchen. Unter anderen einen Mönch
von San Isidro, dem man seine Irrtümer benahm, welche dieselben
waren, wie Don Juan sie hatte, obwohl er einige besondere glaubte.

Er glaubte, dass es nicht nötig sei, die Ablassbullen des Papstes zu
kaufen, da sie nichts weiter seien als ein Stückchen Papier, und dass er
sich nicht für exkommuniziert halte, obgleich der Papst die Besitzer
lutherischer Bücher mit Exkommunikation belegte. Und so behielt
er sie und las sie wie vordem, ehe das Verbot gekommen war. Außerdem hielt er es für richtig, wenn er in den Chor ging, die Horen mit

allen lutherischen Zeremonien zu beten und zu singen, er sowohl wie einige seiner Genossen. Während dieser gefangen saß, überredete er heimlich andere, dass sie an seine lutherischen Irrtümer glaubten, denn solches wäre gut, und darin hoffte er zu sterben. Schließlich bemerkte man es und trennte ihn von den anderen. Dieser war in seinem Geständnis sehr zurückhaltend und selbst als er sah, dass man es doch herausbringen werde, wollte er keine Erklärungen abgeben. Er war auf dem Schafott lässig und zeigte sehr wenig Merkmale der Reue; diesen hat man verbrannt. Er war gebürtig aus hiesiger Stadt und Sohn eines Goldschmiedes.

Was alle übrigen angeht, die man verbrannte, nämlich im Ganzen einundzwanzig, so stimmten sie alle überein in einigen lutherischen Irrtümern, ohne Unterschied. Und mit diesen einundzwanzig führte man eine Statue auf, nämlich die eines gewissen Francisco de Çafra, eines Geistlichen und Benefiziaten von San Vicente in hiesiger Stadt, der mit einer Beata (Ekstatikerin) verheiratet war, welche man gleichfalls zum Feuertode herausführte und mit der er wie Mann und Frau gelebt hatte. Von diesem Obgedachten weiß man bis heute nicht, ob er lebt oder tot ist. Aber von allen Obgedachten zum Feuer Verurteilten, ist sonst nichts Besonderes zu berichten, außer bezüglich der genannten.

Der genannte Benefiziat Çafra aber flüchtete sich, als er schon gefangen war, aus dem Schlosse (Gefängnis der Inquisition), und wie gesagt, weiß man von ihm bis heute nichts, und man glaubt, dass er, wenn er gesprochen hätte, viel über diese schlimme Sekte aufgedeckt haben würde, denn man hatte starke Indizien, welche dies kundtaten. Im Besonderen ist von den Obengenannten nur noch ein Lehrer des *Collegium doctrinae christianae* zu erwähnen, der ein ganz verdammter Lutheraner war und sich niemals bekehren wollte, soviel man auch an ihm arbeitete, sondern er hob die Augen gen Himmel, als wenn er der allerkatholischeste Mann auf Erden wäre, und war so verhärtet, dass er, als man ihm sein Urteil mitsamt allen seinen Ketzereien vorgelesen hatte, und ihn die Herren Inquisitoren fragten, ob er gedächte, in jenen lutherischen Irrtümern zu beharren, zur Antwort gab: Ja, das und nichts anderes sei sein Wille. Da befahlen die Herren Inquisitoren, ihm das Kreuz wegzunehmen und einen Knebel anzulegen, den er mit sehr auffälligen Gebärden aufnahm, indem er die Augen zum Himmel erhob, als wenn er Gott danken wolle, dass er für ihn und sein Gesetz leiden dürfe; denn er war überzeugt, dass jene Irrtümer dem göttlichen Gesetze entsprächen. Und auf heftiges Zureden der Geistlichen, die ihn baten, er solle von jenen Irrtümern ablassen, sonst würde man ihn lebendig verbrennen, sagte er nachher wohl oder übel, dass er sich bekehren wollte, oder gab es wenigstens so ziemlich zu verstehen. Dieser glaubte alle die Ketzereien des Don Juan, nur war er im Geständnis sehr zurückhaltend, und nachdem man ihn zweimal verhört hatte, wurde ihm beim dritten Mal bemerkt, er möge Sorge tragen, die Wahrheit zu bekennen, und dann erbat er sich vier Bogen Papier und gestand alle die Irrtümer ein wie der genannte Don Juan, und außerdem, dass er allemal in der Schule die Knaben nicht den Glauben und die Gebote des Gesetzes Gottes hersagen ließ. Dieser glaubte auch, dass man die Bilder nicht anbeten solle und dass die einfache Hurerei keine Sünde wäre und dass der Papst der Antichrist sei. Und ebenso gestand er, darin gesündigt zu haben, dass er zuerst den Patres-Inquisitoren bekannt habe, jenes seien lutherische Irrtümer und er verfluche sie als solche, und nachher sagte er, sein Geständnis sei schlecht und er berichtige und hielte jenes nicht für Ketzereien, sondern für den heiligen Glauben, indem er selig zu werden hoffe. Und solches sagte er, nachdem er bereits auf jenen vier Bogen Papier ein Geständnis abgelegt hatte. Diesen hat man verbrannt, und er blieb sehr verdächtig in Bezug auf seine Erlösung, weil er bis zu jener Stunde sehr hartnäckig war und sehr wenig von dem Glauben, sehr viel dagegen von seinen Irrtümern hielt. Bei den sämtlichen Übrigen, brauchen wir uns nicht aufzuhalten oder besonderes zu erwähnen, denn sie alle waren nach dieser Art.

Es fehlen nun noch die Namen und Persönlichkeiten der Verbrannten. Vier Frauen wurden verbrannt, und siebzehn Männer, und die Statue des Klerikers Çafra, der entkommen war. Sie waren nicht gebürtig aus hiesiger Stadt, außer Don Juan und dem Mönch von San Isidro und der Tochter des Pero Garcia de Xerez. Alle übrigen waren Auswärtige. Das ist für jetzt alles, was man hierüber sagen kann; doch nachdem man die Urteilssprüche verlesen hatte, führte man sie zur Feuerstätte mit allen Beamten der Stadt und einer großen Menge von Mönchen und Äbten, die sie trösteten. Damit genug. Gelobt sei Gott!"

Auto de fe auf der Plaza de Mayor in Madrid

VIERTES KAPITEL

DIE WIRKSAMKEIT DER INQUISITION

1

Im Laufe des 16. Jahrhunderts wurden die Prozesse wegen mohammedanischer Ketzerei selten, und auch die „Judaizantes" vermochten die Gerichtshöfe nicht hinreichend zu beschäftigen. So dehnte die Inquisition ihre Wirksamkeit weiter aus, vor allem auf christliche Ketzer, die aber in Spanien nicht allzu häufig zu finden waren. Ketzerei ist ja immer ein Zeichen seelischer Lebendigkeit, der Leidenschaft, sich durch die Welt hindurch selbst einen Weg zu Gott zu suchen – und von solchen Neigungen sind die Spanier niemals bewegt worden. Ihre Religion war und ist Gehorsam gegen das Priesterwort, Verehrung der Bilder, Beobachtung der Riten.

Wie in der alten Inquisition so war auch in der neuen die Ketzerei Sünde und Verbrechen zugleich. Ein Ketzer, der seine Schuld bekannt, bereut und gebüßt hatte, war zwar der Sünde gegen Gott ledig geworden, wurde aber doch noch wegen des begangenen Verbrechens bestraft.

Man unterschied zwischen materialer und formaler oder gemischter Ketzerei; erstere entsprang der Unwissenheit und konnte verziehen werden, letztere war vorsätzlicher und hartnäckiger Irrtum, entweder nur intern begangen, ohne andere durch Reden oder Taten in Gefahr zu bringen, oder auch extern, vor anderen Personen geäußert. Für Distinktionen ergab sich reichlich Gelegenheit, auch die Frage war kontrovers, wie sich ein Beichtiger zu verhalten hätte, dem Glaubenszweifel anvertraut worden wären von einem, der ungeachtet aller Ermahnungen sich nicht selbst bei der Inquisition angeben wollte.

Der Begriff der Ketzerei war dehnbar und wurde noch immer dehnbarer, damit auch Vergehen vor die Inquisition gezogen werden könnten, die in Wirklichkeit mit Ketzerei nichts zu tun hatten.

Neigt der Spanier auch wenig zu religiösen Spekulationen, so ist in ihm umso stärker der Hang zur Schwärmerei und Ekstatik. Illuminaten oder Alumbrados, Männer, die einsiedlerisch oder in Klöstern lebten und mit göttlichen Visionen begnadet waren, schwärmende Nonnen und Klausnerinnen, sogenannte Beaten, wurden vom Volke verehrt und angebetet. Ihnen galten Kirchenwesen und Kult im Geiste der Mystik als äußerliches Werk, das wohl gut sei für Anfänger, nutzlos und eine Beschwerde aber für den, der von Gott selbst geleitet werde. Die Kirche hat sich den verschiedenen mystischen Neigungen gegenüber, die ja immer bestanden haben, ungleichmäßig verhalten. Einerseits wurde innere Erleuchtung als etwas Göttliches angesehen, anderseits war sie der Scholastik und der Theologie verdächtig, weil ja Visionen und Entzückungen jeder Kontrolle entzogen waren und ebenso gut vom Teufel eingegeben sein konnten – wenn sie nämlich mit den Lehren der Kirche nicht recht in Übereinstimmung zu bringen waren – wie von Gott.

Protestanten-Verbrennung

Die Inquisition hat diese Schwarmgeister mit Argwohn betrachtet und manchen Prozess gegen sie geführt. Im Jahr 1524 bemächtigte sie sich eines Mannes namens Pedro Ruiz de Alcaraz, der behauptete, unfehlbar zu sein, weil nicht er handelte, sondern Gott in ihm, der alle Vorschriften der Kirche für wertlos hielt, auch Mitleid und Almosengeben, denn der Mensch könnte nichts bewirken, sei nichts als ein blindes Werkzeug Gottes. Dieser „Quietismus", der im 17. Jahrhundert eine gewisse Bedeutung gewonnen hat, wurde als ketzerisch angesehen, Pedro Ruiz bat um Verzeihung, bereute seine Irrtümer, wurde gegeißelt und bis an sein Lebensende im Kerker gehalten.

Im Jahr 1546 bemächtigte sich die Inquisition der viel verehrten Magdalena de la Cruz, die ihr Leben lang für eine Heilige gegolten hatte. Ihre Beichte ist ein Durcheinander von Albernheiten und hysterischen Zwangsvorstellungen, vermischt mit raffinierten Betrügereien. Sie war entlarvt worden, weil einige Nonnen ihres Klosters Verdacht geschöpft und sie ertappt hatten, wie sie heimlich aß, denn sie hatte behauptet, dass ihr die Hostie als Nahrung genügte. Sie wurde krank, und ein Dämon begann, durch ihren Mund zu reden. Er erzählte, dass er im Leib Magdalenas fast von ihrer Geburt an wohnhaft gewesen sei und bis an ihren Tod nicht von ihr lassen werde, denn er gedenke sie mit sich in die Hölle zu führen. Die Inquisition verurteilte Magdalena, im Nonnengewand, jedoch ohne Schleier, mit einem Strick um den Hals und einen Knebel im Mund, aus dem Gefängnis hervorzugehen und sich als reuige Büßerin mit der brennenden Kerze beim Auto zu zeigen. Sodann wurde sie in ein entferntes Kloster gesperrt.

Andere ähnliche Prozesse folgten, konnten aber natürlich den Hang zur Schwärmerei, der manchmal mit sinnlichen Ausschweifungen verbunden war, nicht ausroden.

Im Jahr 1526 wurde Ignaz von Loyola, der Begründer des Jesuitenordens und später Heiliggesprochene, von der Inquisition beargwöhnt, eingekerkert und mit der milden Strafe belegt, drei Jahre lang nicht predigen zu dürfen. Ignaz war selbst auf der Hut vor übernatürlichen Erleuchtungen, die vielleicht Fallstricke des Teufels sein konnten, und hat sie später gänzlich verworfen. Der Orden der Jesuiten, die wirksamste Waffe des Papsttums im Kampf gegen die deutsche Reformation, war der spanischen Inquisition lange Zeit verdächtig, und mancher Jünger Loyolas hat in ihren Kerkern gelegen. Später ist die Inquisition aus den Händen der Dominikaner und Franziskaner vielfach in die der Jesuiten übergegangen.

Die größte Hysterikerin, Ekstatikerin und Visionärin Spaniens, Teresa de Jesu, wurde von der Inquisition heimgesucht, ihre Schriften haben noch auf dem Index gestanden, als sie schon eine Heilige geworden war, die Schutzheilige Spaniens. Hätte sich Philipp II. ihrer nicht angenommen, so wäre sie vielleicht verbrannt worden, denn es hing damals vielfach vom Zufall ab, ob einer der Alumbrados dieses Schicksal erfuhr oder jenes. Juan de la Cruz (Johann vom Kreuze), ein Schüler der heiligen Therese, ist von der Inquisition in ein Kloster gesperrt, später aber heiliggesprochen worden.

Die Inquisition befand sich in diesen Fragen im schroffen Gegensatze zu der Überzeugung des Mittelalters, dem es für das Merkmal eines Heiligen gegolten hatte, der unmittelbaren Gnade Gottes gewürdigt zu werden, frei zu sein von der Beschwernis und von der Lust der

Erde, und ganz ohne äußerliche Mittel gottförmig zu werden. Es ist klar, dass diese Gefühlsrichtung der katholischen Auffassung der Religion als eines objektiven heiligen Gutes, das vom geweihten Priester verwaltet und den Menschen ausgeteilt wird, zuwiderlaufen musste, dass hier das religiöse Erlebnis nicht in irgendeiner Tradition übernommen, vielmehr an seiner innersten Wurzel erfasst worden ist. Hätte eine solche unvermittelte Religiosität stärker um sich gegriffen (was sich aber kaum vorstellen lässt), so wäre alles Priestertum und damit die katholische Kirche allerdings ins Tiefste getroffen worden – und das hat die Inquisition gewusst. Seit Waldensern und Katharern, die ja verwandte, wenn auch nicht so entschiedene Überzeugungen vertreten haben, hat die Inquisition in allen mystischen und illuministischen Richtungen stets ihren Feind gesehen. Sie hat in Spanien die Alumbrados und Beaten immer entschiedener verfolgt; umso mehr als diese Einsiedler und Klausnerinnen im Volk und von den Großen verehrt worden sind. Sor Maria de Agreda gab vor, in unmittelbarer Verbindung mit Gott und den Heiligen zu stehen, die Inquisition hatte ein Auge auf sie, konnte ihr aber nichts anhaben, weil Philipp IV. (den man aus den Bildern des Velasquez kennt) sie als sein Orakel ansah und schützte. Der Prozess um ihre Heiligkeit ist bis heute nicht entschieden, ihre Schriften wurden bald für erleuchtet angesehen, bald verboten.

Der berühmte spanische Quietist Molinos, dessen Schriften man noch immer liest, wurde von der römischen Inquisition verurteilt, die so der spanischen zu Hilfe kam. Prozesse gegen seine Anhänger und die Nachforschung nach seinen Schriften, haben der spanischen Inquisition noch lange zu tun gegeben.

Es versteht sich von selbst, dass unter diesen Erleuchteten, Propheten und schwärmenden Frauen nicht nur Nerven- und Geisteskranke, sondern auch Betrüger gewesen sind, die sich den allgemein herrschenden Aberglauben zunutze gemacht haben. Mancher von ihnen ist von der Inquisition gefasst und entlarvt worden, sodass sie hier sonderbarerweise für die Aufklärung des Volkes und für den gesunden Menschenverstand gewirkt hat. In diesem Punkt hat jedoch ihre Macht versagt. Trotz aller Angst vor der Inquisition ist das Volk nicht gesonnen gewesen, sich seine Propheten und Wundertäter rauben zu lassen.

Erst gegen das Ende des 17. Jahrhunderts ist von der katholischen Kirche endgültig alle Mystik für ketzerisch erklärt worden – was doch bis zum heutigen Tage niemals ganz hat durchdringen können.

Büßende Nonne beim Auto de fe

2

Als sich die lutherische und kalvinische Ketzerei über Europa ausbreitete, verschärfte die Inquisition ihre Wachsamkeit, und es gelang ihr wirklich, die geringen Ansätze zur Reformation, die in Spanien zu finden waren, mit Stumpf und Stiel auszurotten. Ihre Macht war so groß, dass sie die iberische Halbinsel vom Geistesleben Europas fast drei Jahrhunderte lang völlig abzuschließen vermochte; später werden wir sehen, dass ohne ihre Bewilligung kein Buch in Spanien gedruckt oder eingeführt werden konnte. Da man nicht immer zwischen Luthertum und den verschiedenen mystischen Richtungen zu scheiden wusste, wurden auch gläubige Katholiken als Protestanten verfolgt und hingerichtet.

In Wirklichkeit ist die Zahl der Protestanten in Spanien niemals groß gewesen. Es hat nicht mehr als drei Gemeinden gegeben (in Valladolid, Sevilla und Toledo), ihre Mitglieder werden auf zweihundertfünfzig geschätzt. Als der erste spanische Protestant wird der Maler Gonsalvo de Monte Alegre genannt, der scheinbar außer allem Zusammenhang mit anderen steht und 1523 in Majorca[9] verbrannt wurde.

Die eine der beiden spanisch-lutherischen Gemeinden wurde um die Mitte des 16. Jahrhunderts in Valladolid durch Don Carlos de Seso und Dr. Augustin Cazalla, Hofprediger Karls V., begründet, der 1540 in Deutschland gewesen war, die Schriften der Reformatoren kennengelernt und ein Buch Luthers mitgebracht hatte. Die beiden Männer gewannen einen Pfarrer und einige Nonnen im Kloster unserer Frau von Bethlehem sowie eine Anzahl von Laien. Die Gemeinde war noch nicht bis zu einer festen Organisation gediehen, da wurde schon von verschiedenen Seiten her die Inquisition auf sie aufmerksam gemacht, und als einige Mitglieder unvorsichtige Reden über die Mängel der Kirche führten, verhaftete man 1558 eine Anzahl von ihnen.

Der Prozess gegen die fünfundfünfzig Protestanten in Valladolid dauerte eineinhalb Jahre lang, 1559 wurde ein feierliches Auto veranstaltet, zu dem 200.000 Menschen herbeigeströmt sein sollen. „Ich glaube, es war ein Abbild und Schatten der Versammlung des Jüngsten Gerichtes, und die Orte auf zwanzig Meilen im Umkreis haben sich entvölkert, um das zu sehen, was so außerordentlich sehenswert war." So berichtet der Chronist des Autos. Die Angst vor der Ketzerei und der Hass gegen die Feinde der Kirche war ja im Volke, dem keine andere geistige Nahrung zugänglich war als die durch die Kirche vermittelte, weit verbreitet, in den Prozessen gegen die protestantischen Ketzer hat die Inquisition nur den Willen des Volkes zur Ausführung

9   Anm. des Verlags: Hier ist vermutlich Mallorca gemeint.

gebracht und sich selbst den Ruhm zugesprochen, Spanien vom Verderben errettet zu haben.

Die Angeklagten zeigten sich wenig standhaft und verrieten einander, einige von ihnen wurden hingerichtet, andere bereuten und wurden mit der Kirche versöhnt, eingekerkert oder zum Tragen des Schandkleides verurteilt. Ihre Güter wurden beschlagnahmt. Augustin Cazalla, der geistige Urheber, verleugnete seinen Glauben, legte eine ausführliche Beichte über seine Irrtümer ab und bekehrte sich zur katholischen Kirche mit den Worten: „Alle, die hier sind, sollen wissen, dass ich im Gesetz Christi sterbe und dass es mir leid tut, ihn beleidigt zu haben, und dass ich verdiene, wegen der großen Beleidigungen, wie ich sie gegen ihn begangen habe, von der Erde verschlungen zu werden. Es freue sich die Welt, und das Volk sei fröhlich um solcher Gnade willen, wie Gott sie an mir getan hat, damit ich meine Sünden erkenne." – Er versuchte auch noch andere zum katholischen Glauben zurückzuführen, aber er wurde trotzdem verbrannt. Mit ihm sein Bruder, der Geistlicher war, und seine Schwester; seine Mutter wurde im Bilde samt ihren Gebeinen verbrannt, ihr Haus eingerissen, niemals mehr sollte an dem Platz ein anderes gebaut werden, weil in diesem Haus die Versammlungen der Lutheraner stattgefunden hatten.

Verbrennung vorher Erwürgter

Bei dem zweiten schnell folgenden Auto de fe fand Carlos de Seso am Vorabend seines Todes den Mut des Bekenners wieder und starb als Märtyrer auf dem Scheiterhaufen. Ein anderes Mitglied der Gemeinde, Juan Sanchez, riss sich schon halb verkohlt vom Pfahle los und bat um Gnade, als er aber den Carlos schweigend brennen sah, gewann er seine Festigkeit wieder und starb.

Bei diesem Auto war Philipp II. zugegen, sein Sohn Don Carlos, Don Juan de Austria, der berühmte illegitime Sohn Karls V., die Schwester des Königs und andere große Herren und Damen. Der König legte den Schwur ab: „Als wahrer und katholischer König, eingesetzt durch die Hand Gottes, will ich mit aller meiner Macht den katholischen Glauben, den die heilige apostolische römische Mutter Kirche hält und glaubt, verteidigen, will die Ketzer und abtrünnigen Gegner der Kirche bekämpfen und will dem Heiligen Offizium der Inquisition und seinen Dienern jede Gunst und Hilfe erweisen, damit die Ketzer und Zerstörer unserer christlichen Religion bestraft und gezüchtigt werden, entsprechend den Rechten und Heiligen Canones, ohne dass von meiner Seite eine Unterlassung oder Ausnahme zugunsten irgendeiner Person stattfinde."

Am Tag nach dem Auto, bei dem auch ketzerische Bücher, wie das Neue Testament in spanischer Sprache und die Psalmen Davids den Flammen, übergeben worden waren, stand ein rohes hölzernes Kreuz auf der Brandstätte; man entdeckte den Mann, der es hingesetzt hatte, und strafte auch ihn.

Weitere Autos folgten. Eine Frau, die jahrelang im Kerker gelegen hatte, bekannte sich neu als Anhängerin des Evangeliums, das sie schon abgeschworen hatte. Man tat das Möglichste, sie zu bekehren, aber vergeblich, sie wurde als rückfällige Ketzerin verbrannt.

Eine gleichzeitige d e u t s c h e F l u g s c h r i f t berichtet über dieses Protestanten-Auto, das weit berühmt wurde: „Vnd haben also dise 13 fromme Christen vmb der warheyt, vnd des reinen wort Gottes willen, auff diesem platz, als die theuren Märterer, erbermlich leyden müssen, die doch nicht allein stetigs an einander selb Christlichen getröstet, sonder auch allzumal dermaßen, daß sich menigklich verwundert, ein schönes vnnd freudiges ende genommen haben."

In S e v i l l a wurde eine andere lutherische Gemeinde entdeckt, deren Mitglieder nicht wie in Valladolid nur den gebildeten bürgerlichen Kreisen angehörten, sondern allen Ständen. Alte Bräuche wurden in Klöstern abgeschafft, Dr. Egidio wagte in den Kirchen zu predigen, und setzte seine Worte so, dass nur der Eingeweihte die Abweichungen verstehen konnte. In Privathäusern wurden religiöse Versammlungen abgehalten, im Kloster San Isidro lasen die Mönche evangelische Bücher, die ihnen aus Deutschland und der Schweiz zugeschickt worden waren; ein reger heimlicher Verkehr scheint zwischen der Sevillaner Protestantengemeinde und Glaubensgenossen in Deutschland, Paris und Genf bestanden zu haben. In Genf wurden Flüchtlinge aus Spanien aufgenommen, darunter elf Mönche von San Isidro, die sich noch rechtzeitig retten konnten.

Diese Flucht verstärkte den Verdacht der Inquisition, die schon seit einiger Zeit Argwohn geschöpft hatte. 1557 traf ein Abgesandter aus Deutschland in Sevilla ein, der eine größere Menge reformatorischer Schriften brachte, sie wurden zuerst unter Gebüschen versteckt, dann in den Satteltaschen eines Maultiers in die Stadt befördert. Unter den Briefen, die er samt den Büchern zu überbringen hatte, war einer an einen Geistlichen gerichtet, der zur Bruderschaft gehörte, jedoch irrte sich der Bote und übergab den Brief samt einem Buche „*Imagen del Antechristo*" (Das Bildnis des Antichrist) einem katholischen Geistlichen, der ebenso hieß wie jener andere. Der verständigte die Inquisition, und die ganze evangelische Gemeinde mit Ausnahme weniger, die flüchten konnten, wurde gefangengenommen. Der Prozess dauerte zwei Jahre, 1559 und 1560 fanden vier Autos statt (dessen eines am Schluss des vorigen Kapitels mit den Worten des Chronisten geschildert ist). Die Häupter der Bewegung wurden verbrannt, die reuigen Verführten zu Schandkleid und Kerker verurteilt.

Zettel, die durch die Stadt flogen, riefen viel Aufregung hervor; einer davon lautete: „Heiliger Baltanas und ihr übrigen Märtyrer Jesu Christi! Betet zu Gott für seine wahre Kirche, damit sie fest und standhaft in der Wahrheit bleibe und die Verfolgung der Synagoge des Satans, die Kerker und Folter und Martyrien der Diener des Antichrist in Triana (der Inquisition) ertragen und erdulden könne!" – Der Verfasser dieser und ähnlicher Aufrufe ließ sich lange nicht finden, schließlich wurde er entdeckt und verbrannt. Es war der Geistliche Sebastian Martinez, der schon in Toledo Spottgedichte von dieser Art verbreitet hatte:

Öffne die Augen und schlafe nicht
Und wisse, was dir not tut, Christ!
Dass der Vernichter unseres Heils,
Der Antichrist gekommen ist.

Papst nennt er sich, der verlorene Sohn,
Der arge Verräter,
er fährt zum Streit
Mit seiner Sippschaft, seinem Geleit,
Den Knechten seiner Priesterlichkeit.

Satan und sein wahrer Sohn, der Papst,
Haben sich verschworen, das Werk erdacht

Gegen des Herrn Jesu Gesetz und Tat,
Wort gegen Wort und Macht gegen Macht.

Dreifaltig wie Gott ist der höllische Feind,
Vater, Sohn, Geist, voll Verderben und List.
Teufel ist Vater, König ist Sohn
Und der böse Geist der Papst Antichrist.

Sodann wird auseinandergesetzt, dass Gott den Menschen die Freiheit und das Evangelium gegeben habe, dass sie aber vom Papst und
von der Inquisition zu Sklaven gemacht worden sind. – „Wir wollen
für Christus sterben!"

Außer diesen beiden spanisch-protestantischen Gemeinden, die
völlig vernichtet wurden, fand sich eine Gruppe von französischen
Protestanten, meistens Handwerkern, in To l e d o, gegen die der Prozess wegen Lutheranismus geführt wurde, obgleich sie Kalvinisten
waren und sich selbst vorsichtigerweise nur *„bons compagnons"* nannten. Bei dem Auto 1565 erschienen fünfundvierzig dieser Leute, elf
wurden verbrannt, die übrigen kamen mit gelinderen Strafen davon.
Ein Spanier, der unter ihnen gelebt hatte und gegen den nichts vorlag
als eine Bemerkung, man müsse zuerst vor Gott und dann erst vor den
Menschen beichten, wurde wegen Leugnung der Ohrenbeichte gefoltert und schwer bestraft. Dergleichen Reden, hinter denen wohl nichts
Ernstliches zu suchen war, genügten den Theologen der Inquisition
im 16. Jahrhundert oft genug, um lutherische Ketzerei – von der der
Betreffende vielleicht gar nichts wusste – zu konstruieren.

Matrosen, die auf fremden Schiffen in spanische Häfen kamen, Soldaten, die in spanischen Diensten standen, riskierten wegen Ketzerei
vor die Inquisition gezogen zu werden. So verhaftete 1548 die Inquisition in Toledo einen deutschen lutherischen Soldaten namens Peter
Pul. Er schwor seine Irrtümer ab, wurde im katholischen Glauben
unterwiesen und hat sein Leben als Dominikaner beschlossen. – Ein
Maler aus Gent, der in Spanien arbeitete, wurde gefasst und lebenslänglich eingekerkert. So durfte es kein fremder Protestant wagen,
spanischen Boden zu betreten; für jedes Schiff aus dem Norden waren
die Häfen Spaniens gefährlich. Noch 1819, kurz vor ihrem Erlöschen,

hat die Suprema befohlen, dass jedes fremde Schiff untersucht werden sollte, ob es verbotene Bücher oder Ketzer berge.

Im Jahr 1568 verurteilte ein Spruch des Heiligen Offiziums alle Bewohner der Niederlande, drei Millionen Menschen, Männer, Frauen und Kinder, als Ketzer zum Tode und nahm hiervon nur Einzelne mit Namen genannte Personen aus. Philipp II. befahl, dieses Urteil durchzuführen und entsandte Alba mit seinen Heeren.

Noch im Jahr 1856, als es keine Inquisition mehr gab, wurde Francisco Ruet, der evangelische Mission zu treiben versuchte, von einem geistlichen Gericht und einem Bischof zum Tode verurteilt, was die Regierung in lebenslängliche Verbannung umwandelte; 1868 konnte er zurückkehren. – Im Jahr 1860 wurden mehrere Protestanten ins Gefängnis gesetzt, und da sie bei ihrem Glauben beharrten, zu sieben bis neun Jahren Zwangsarbeit verurteilt. Im Falle des Abschwörens wurde ihnen Verzeihung zugesagt, doch alle zogen die Bestrafung vor. Der Evangelische Bund sandte eine Abordnung an die Königin Isabella, damit das Urteil aufgehoben werde; aber erst als sich die Königin von Preußen einmengte, wurde die Strafe in Landesverweisung umgewandelt.

Die Revolution von 1868 brachte Freiheit der Religionsübung in Spanien – aber noch heute ist der kleinen deutsch-evangelischen Kirche in Madrid verwehrt, sich mit einem Turm zu zieren.

3

Der Ketzerei verwandt war das Verbrechen der Gotteslästerung; jeder Gerichtshof besaß ein Verzeichnis von landesüblichen Flüchen, die bestraft wurden, und eine Erinnerung hieran mag es sein, wenn noch heute beim Eingang vieler spanischer Städte zu lesen steht, „dass in dieser Stadt das Fluchen verboten ist". Die Suprema hat den einzelnen Tribunalen wiederholt eingeschärft, dass Schimpfen im Zorn, nicht als Gotteslästerung oder Ketzerei zu betrachten wäre; jedoch sind die Gerichte auch hier nach eigenem Gutdünken vorgegangen. Gelegentlich wurde ein Mann bestraft, der in einem

Anfall von Verzweiflung gesagt hatte, Gott könne ihm unmöglich noch mehr Leid zufügen. Unwahrscheinlich, dass er mit diesem Ausruf das Jüngste Gericht hatte leugnen wollen, – aber die Inquisition hat es geglaubt.

So wusste niemand, ob er nicht eines Tages von den Häschern der Inquisition aus seinem Haus geholt werden würde. Ein unwissender Mann, der seinen Esel dem Teufel anbefohlen hatte, konnte etwa als Manichäer oder Luziferianer – je nach der Gelehrsamkeit eines unbeschäftigten Inquisitors – angesehen werden und alle Folgen tragen. – Einer, der beim Wein geschrien hatte: „Mir sind zehn Dukaten lieber als Gott!", hatte schon sein Leben verwirkt. – Besonders gern wurde die harmlose Meinung verfolgt, es sei besser, verheiratet zu sein als ledig. Da der Kleriker nicht heiraten durfte, erhob, wer solches behauptete, den Laien offenbar über den Geweihten. – Es gab da allerlei feine Unterscheidungen, als: ketzerisch, irrig, an Ketzerei anklingend, gefährlich klingend, Ärgernis erregend u. dgl. mehr[10].

Hing schon über dem gemeinen Mann, der sich wenig um Religion und Philosophie sorgte, beständig das Schwert, so lebte der geistige Mensch noch viel unsicherer, denn so ziemlich jeder allgemeine Satz ließ sich ja mit einigem bösen Willen so drehen, dass er irgendeiner Lehre der Kirche nicht völlig entsprach. Es ist glaublich, dass die große spanische Dichtung des 17. Jahrhunderts durch die Inquisition gehemmt würde, denn argwöhnische Augen haben jedes Theaterstück, jede Novelle durchforscht. An den Schluss eines seiner Dramen hat Calderón mit eigener Hand geschrieben, dass er sich durchaus nur innerhalb des Gebotenen halten wollte, und eine recht harmlose Stelle im „Don Quijote" ist getilgt worden. Fray Luis de Leon, einer der ersten Theologen des Landes und ein klassischer Dichter, der, wie man versichert, völlig orthodox gewesen ist, wurde infolge eines Streites an der Universität Salamanca als Ketzer denunziert, denn er zog die hebräische und griechische Bibel der lateinischen Vulgata vor, ferner hatte er das Hohe Lied ins Castilische übersetzt. Luis unterwarf sich ganz und gar der Autorität der Kirche und widerrief alles, was man wollte,

---

10   Anm. des Verlags: Hier ist „und dergleichen mehr" gemeint. Wird auch oft „u. dgl. m." abgekürzt.

aber er wurde trotzdem ein paar Jahre lang im Kerker gehalten. Dies war nur ein Fall unter vielen.

Ausschneiden der Zunge vor der Verbrennung

4

Eines der wichtigsten Hilfsmittel bei der Bekämpfung der Ketzerei ist die Kontrolle aller Bücher gewesen, die im Lande zirkulierten. Die Inquisition hatte von ihrem Anfang an das Recht der Bücherzensur, und sie hat es mit einer solchen Strenge geübt, dass Spanien vom Beginn der neuen Zeit bis ins 19. Jahrhundert vom geistigen Leben Europas so gut wie abgeschnitten war. Spanien hat eine große nationale Dichtung hervorgebracht, die sich von den Kräften des Bodens ernähren konnte, aber weder wissenschaftliche noch philosophische Leistungen von einigem Wert. Die Kämpfe, aber auch die Errungenschaften der Renaissance, des Humanismus und der deutschen Reformation sind an Spanien vorübergegangen, sie haben nicht viel mehr hinterlassen als eine Reihe von belanglosen Nachahmungen in Malerei und Literatur – und die Asche der Scheiterhaufen.

Es versteht sich von selbst, dass hebräische und arabische Schriften, soweit man ihrer habhaft werden konnte, vernichtet wurden, von der Bibliothek in Córdoba; der größten der damaligen Welt, ist so gut wie nichts übriggeblieben. Höhere Bedeutung fürs geistige Leben gewann aber die Zensur erst mit der Verbreitung des Buchdrucks im 16. Jahrhundert. Am eifrigsten fahndete man auf Übersetzungen der Bibel, die dem ungelehrten Laien direkte Kenntnis der Evangelien vermitteln und so die Geistlichkeit im Sinne des Protestantismus hätten überflüssig machen können.

Man war sich in der Frage der Bibelübersetzungen von Anfang an nicht ganz klar gewesen. 1229 hatte das Konzil von Toulouse den Laien sogar das Lösen der lateinischen Bibel untersagt, dann war wieder eine kurze Zeit lang der Besitz von spanischen Bibeln erlaubt. Im Zeitalter der Reformation waren Bibelübersetzungen, auch von Klerikern angefertigte, unter Androhung schwerer Strafen verboten, die Edikte nannten sie in einem Atem mit dem Koran. Ja noch mehr. Selbst die Übersetzung der täglichen Kirchengebete und des Katechismus wurde nicht geduldet, ein Andachtsbuch „Exercicios de Devoción" verfiel der Beschlagnahme. Man kann sich dem Eindruck nicht verschließen, dass die Priesterschaft und die Inquisition alles taten, um dem Volke seine Religion zu verbergen. Und dabei wurde gefordert, dass man die feinen theologischen Unterscheidungen zwischen orthodox und häretisch kenne und einhalte, da man sonst sein Leben verwirkt hatte.

Erst im Jahr 1790 erschien eine spanische Übersetzung der Bibel, die von der Inquisition nicht beanstandet wurde. Ein Schriftsteller jener Zeit erzählt uns, dass viele Leute in Spanien gar nichts von der Existenz der Bibel wussten.

Neben der Bibel waren es besonders die Schriften Luthers, die gesucht und verbrannt wurden; wer solch ein Buch besaß und es nicht freiwillig ablieferte, machte sich der Ketzerei schuldig. Die Inquisition pflegte, ein Exemplar der ketzerischen Schriften in ihr geheimes Archiv zu legen, die übrigen zu verbrennen. Da jedoch die Theologen nur eine höchst unklare Vorstellung von den Ideen der Reformation besaßen und die Protestanten vielfach für eine nichtchristliche Sekte hielten, waren die Ansichten über das, was zu konfiszieren war und was nicht, häufig geteilt, so bei den Schriften des Erasmus von Rotterdam. Wie hätte da der Laie entscheiden sollen, welches seiner Bücher orthodox war und welches ketzerisch? Es ergab sich die Notwendigkeit, ein Verzeichnis der verbotenen Bücher herzustellen, die Inquisition legte einen *Index librorum prohibitorum aut expurgandorum* an (in letzteren war nur einiges auszutilgen). Der erste dieser Indices, der auf eine lange Nachkommenschaft blicken darf, wurde in Löwen gedruckt und mit einigen Erweiterungen von der spanischen Inquisition angenommen. 1559 gab die spanische Inquisition ihren ersten selbständigen Index heraus, der seitdem wiederholt ergänzt und verbessert wurde. Der römische Index, der noch heute besteht und für alle Katholiken bindend ist (obgleich sie selten von ihm wissen), hat mit dem der spanischen Inquisition niemals ganz übereingestimmt. Auf dem spanischen Index standen alle Schriften der Mystiker und Illuminaten, einige von kirchlichen Heiligen.

Es bedurfte einer großen Menge von Zensoren und Vertrauten, denn alle Bibliotheken des Landes, alle Buchhändler und alle privaten Bücherfreunde wurden ständig streng überwacht, unvermutet fanden Visitationen statt. Man durchblätterte hierbei anscheinend harmlose Bücher, ob nicht vielleicht ketzerische Bemerkungen an den Rand geschrieben waren, und bei dieser Gelegenheit besorgte die Inquisition auch die Geschäfte des Staates, der zwar das Recht der Zensur nicht aus der Hand gegeben hatte, aber nicht über so viele Organe verfügte wie die Inquisition. Ebenso durfte niemand eine unzensurierte[11] Handschrift besitzen. War jemand gestorben, so wurden die Bücher seines Nachlasses kontrolliert. Bei der Inquisition stand es, die Erlaubnis zum Buchhandel zu erteilen, und sie erhob hierbei viele Schwierigkeiten, schränkte auch meistens die Befugnis auf gewisse Arten von Büchern ein.

Ehe ein Buch in Druck ging, musste das Manuskript der Inquisition übergeben werden, die es gründlich untersuchte und dann einen Erlaubnisschein ausstellte. Dieser Schein wurde dem *Consejo Real* in

---

11   Anm. des Verlags: „Unzensuriert" stammt aus dem Österreichischen, Schweizerischen. Im Deutschen: „unzensiert".

Madrid vorgelegt, der die staatliche Zensur übte; passierte das Buch, so wurde die Bewilligung erteilt, ein Exemplar ohne Titelblatt zu drucken. Dieses Exemplar musste abermals eingereicht werden, Seite für Seite wurde mit der Handschrift verglichen und vom Zensor paraphiert, worauf die übrigen Exemplare samt dem Titelblatt gedruckt werden durften. Auf Übertretungen war vom Staate die Todesstrafe gesetzt, während die Inquisition mit dem Kirchenbann vorging. Dieses Gesetz, das seinesgleichen nirgends in der Welt gehabt hat, bestand bis ins 19. Jahrhundert, aber es ist kein Fall überliefert, dass es jemals in seiner ganzen Strenge gehandhabt worden wäre.

Im 16. Jahrhundert, als der ketzerische Geist in Europa übermächtig wurde, arbeiteten Staat und Inquisition zusammen, um ja kein gefährliches Buch ins Land zu lassen. Die Beamten der Inquisition saßen in den Häfen, jeder Ballen Ware, jede Kiste musste vor ihnen geöffnet werden, fanden sich Bücher darin, so wurden sie zur Inquisition gebracht und dort begutachtet; Büchersendungen aus der Fremde wurden nicht dem Eigner, sondern dem Gerichtshof zugestellt. Diese Einrichtungen haben den spanischen Handel sehr beengt, denn die fremden Kaufleute hatten wenig Lust, sich allen möglichen Quengeleien auszusetzen (und am Ende gar noch selbst als Ketzer festgenommen zu werden). Bei der Beschlagnahme gab es begreiflicherweise allerlei Missgriffe; so wurde 1666 eine *Pharmakopoeia Medico-Chemica* konfisziert, weil man ihren Verfasser Schoderius (einen Deutschen namens Schoder) mit einem höchst gefährlichen Ketzer namens Schroderius (Schröder) verwechselt hatte; jedoch wurde diese Arzneikunde nach geraumer Zeit freigegeben. Als die Französische Revolution ausbrach, wuchsen die Gefahren, die den Seelen drohten, gewaltig an, und die Inquisition verdoppelte ihre Anstrengungen, wobei sie gleichzeitig die Interessen des Staates im Auge hielt. Die Schriften von Rousseau, Montesquieu, Diderot, d'Alembert, Voltaire und ähnliche waren natürlich verboten, die Inquisition erklärte sie in Bausch und Bogen für ketzerisch. Aber es erwies sich als unmöglich, die Gedanken der Enzyklopädie und der Revolution gänzlich zu bannen, manches sickerte durch. Als 1776 ein Mann in Sevilla, der ein paar französische Bücher gelesen hatte, nicht mehr an Gott glauben wollte, musste er im Schandkleid einhergehen und seinen Atheismus abschwören. Ein Universitätsprofessor saß aus ähnlichen Gründen acht Jahre lang im Kerker, bis er seine Irrtümer einsah und Buße tat.

Besondere Aufmerksamkeit wurde auch den Büchern zugewendet, die in die Kolonien gingen. Die Inquisition war vom Mutterlande sehr früh übers Meer getragen worden, nicht nur nach Amerika (Mexiko 1571), auch von Portugal aus nach Indien (Goa), wo die Jesuiten im 16. Jahrhundert zugleich mit dem Christentum, die Inquisition eingeführt hatten. Eine schwere Arbeit war es, die spanischen Bibeln in Amerika aufzuspüren und zu verbrennen, die eine englische Bibelgesellschaft austeilte.

Dagegen hat die spanische Inquisition ein Buch nicht behelligt, das als ganz besonders gefährlich auf dem römischen Index stand: den Dialog des Galilei über das kopernikanische Weltsystem. Die Spanier lagen damals im Streit mit den Herren in Rom und wollten ihre Selbständigkeit beweisen. Gegen Staat und König behaupteten sie sich durch die Konfiskation etlicher Bücher, die von einem Recht des Königs gegen die Inquisition handelten.

Man hat sich oft gewundert, dass auf spanischen Gemälden nackte Menschen, besonders Frauen, kaum jemals erscheinen (die „Venus vor dem Spiegel" von Velasquez ist eine der wenigen Ausnahmen – aber Velasquez war Hofmaler und Günstling des Königs). Der Grund für diese vom künstlerischen Gesichtspunkte ganz abnorme Erscheinung, ist die Zensur der Inquisition, die nicht nur um Religion, sondern auch um Moral besorgt war und Maler und Modelle leicht zur Verantwortung zog. Bilder, die etwa eine Venus darstellten (vielleicht aus Italien eingeführt), nackte Figuren überhaupt, auch Engel, wurden konfisziert, ihr Besitzer vor Gericht gezogen; auch nach Fächern, Dosen, Spiegeln, die mythologische Figuren zeigten, wurde gesucht.

Ein merkwürdiger Fall hat sich 1571 ereignet. Zwei Gemälde, die aus dem Ausland kamen, Christus am Kreuz und die Heilige Dreifaltigkeit, wurden samt zwölf Kupferstichen aus der Geschichte Christi fünf Theologen übergeben, die auf Konfiskation erkannten, weil lutherische Irrtümer darin zu finden seien. Auf dem einen Gemälde waren Worte der Propheten und der Evangelien zu lesen, wie: „Ich, der Herr, kann das Herz ergründen und die Nieren prüfen" und „Gott ist ein Geist, und die ihn anbeten, müssen ihn im Geist und in der Wahrheit anbeten." – Diese und noch einige andere Sprüche sollten, so meinten die Zensoren, glauben machen, dass die Heuchelei sowie das Gebet in diesem Zustand eine Todsünde wären und dass folglich der Heuchler nicht beten dürfe. – Das Gemälde der Dreifaltigkeit sei lutherisch, es lehrte, dass die Menschen nicht verpflichtet seien, gute Werke zu tun, sondern Gott anzuschauen, weil Christus den Tod und die Sünde vernichtet hätte. – Die Kupferstiche wurden gleichfalls konfisziert.

Die letzte Tat der Inquisition auf diesem Gebiete war ein im Jahr 1815 an die Madrider Friseure ergangener Auftrag, die Wachsbüsten aus ihren Fenstern zu entfernen.

Protestanten-Verbrennung

5

Es war allgemein bekannt, dass Frauen und Mädchen häufig von ihren Beichtigern v e r f ü h r t wurden, wenn auch solch eine Sache nur selten zur Anzeige kam. Der Beichtstuhl in seiner heutigen Gestalt ist erst von der Mitte des 16. Jahrhunderts an zur Abwehr der protestantischen Beschuldigungen eingeführt worden; bis dahin hatte man die Beichte einfach in der Kirche Auge in Auge abgenommen. Über solche Vorkommnisse hatten die Bischöfe zu richten, die Inquisition mühte sich aber sehr, sie unter die Sphäre ihrer Macht zu bringen, man erklärte sie für einen Missbrauch des Sakraments und daher für Ketzerei, woran sich eine umfangreiche und in alle Einzelheiten gehende Diskussion schloss. Der einen Partei galt schon Händedruck und Kuss für ketzerisch, die andere ließ mit sich reden. Die Strafen waren milde, es lag nur „leichter Verdacht von Ketzerei" vor und der Verurteilte hatte „de levi" abzuschwören, was keine ernstliche Strafe zur Folge hatte; jedoch verlor er das Recht, noch weiter Beichte zu hören. Nach einer Statistik kamen im 18. Jahrhundert 3775 solche Fälle vor die Inquisition, von denen drei Viertel auf Mönche entfielen.

Auch außerehelichen Geschlechtsverkehr zog die Inquisition allmählich vor ihre Gerichtsbarkeit, und es war nicht ganz leicht zu beweisen, inwiefern bei diesem Vergehen Ketzerei im Spiele war. Immerhin – es gelang. Die Sünder erschienen mit Strick und brennender Kerze beim Auto (und zwar zahlreich – bei einem Auto 1565 in Sevilla bildeten sie die Hälfte aller Sünder) und schworen ihre Ketzerei ab. Jedoch wurden sie weder gefoltert noch verbrannt. Was ihnen bevorstand, wenn sie „rückfällig" werden sollten, das vermag ich nicht zu sagen.

Über das Verbrechen der Bigamie herrschte ein Kompetenzstreit zwischen weltlichen und geistlichen Gerichten. Da der Bigamist das Sakrament der Ehe verletzt hatte, erhob die Inquisition Anspruch, ihn zu richten. Die Frage ist niemals entschieden worden.

Protestanten-Verbrennung

6

Was bisher von den Taten der spanischen Inquisition erzählt worden ist, wird heutigen Lesern – welcher Weltansicht sie auch immer geneigt sein mögen – nicht allzu sympathisch sein. Nun wollen wir ein Gebiet betreten, wo sie Gutes gewirkt hat und weit milder vorgegangen ist als alle weltlichen Gerichtshöfe Europas: in den Prozessen gegen Zauberer und Hexen.

Die große Angst vor Ketzerei, die im 13. und 14. Jahrhundert in Europa geherrscht hat, wurde im 15. Jahrhundert durch die Angst vor Zauberern und Hexen abgelöst, und die ist erst im 18. Jahrhundert allmählich gewichen. Die Universitäten Europas haben das Wesen der Hexerei wissenschaftlich erforscht und alle Einzelheiten klargelegt, die damit in Verbindung stehen; besonders genau wusste man über den Hexensabbat Bescheid. Verschiedene Päpste haben sich mit dem

Treiben und der Gefährlichkeit der Hexen befasst, und ein Gelehrter hat nachgewiesen, dass die Hexen eine neue Art von Ketzern seien, die mit den gleichen Mitteln bekämpft werden müssten. Auch stellte man Untersuchungen an, warum diese neue teufliche Sekte mehr Frauen als Männer zu den Ihrigen zählte. Der berühmte *Malleus maleficarum*, der Hexenhammer der Inquisitoren Institoris und Sprenger (1486), ist ein ausführliches Gesetzbuch, wie mit den der Hexerei Verdächtigen zu verfahren wäre, und zugleich eine Anhäufung der schauderhaftesten und blutrünstigsten Geschichten (Deutsche Ausgabe in drei Bänden, Berlin 1906).

Da Spanien fast auf allen Gebieten um mindestens hundert Jahre hinter dem übrigen Europa zurückgeblieben war, wurde hier erst im Laufe des 16. Jahrhunderts die Sache systematisch in Angriff genommen, während die Scheiterhaufen überall sonst schon eine gute Weile brannten. Weltliche und geistliche Gerichte stritten anfangs, wer in diesen Dingen zuständig sei; weil aber Zauberei und Hexerei als Bündnis mit dem Teufel und als Teufelsdienst, als ketzerisches Gehaben also, angesehen wurde, fiel der Gegenstand bald gänzlich der Inquisition anheim. Eine Grenze gegen Wahrsagerei, marktschreierisches Wesen und gemeinen Volksbetrug, war nicht leicht zu ziehen, alles dies hing irgendwie mit dem Teufel zusammen, der damals ganz unanfechtbare und handgreifliche Wirklichkeit besaß, den jeder Zweite gesehen hatte und dem Luther sein Tintenfass an den Kopf geworfen hat. Es gab verschiedene Grade des Satanismus, vom gefährlichen noch heute blühenden Aberglauben – böser Blick, Strick des Gehängten – bis zum fertigen Teufelspakt und zur Teufelsbuhlschaft. Kein Mensch hat gezweifelt, dass es viele Männer und Frauen gäbe, die sich zu bestimmter Stunde an einem dem Teufel genehmen Ort einfinden, dass sie ihm hier den berühmten unanständigen Kuss der Ehrfurcht darbringen, worauf die Teufelsmesse, eine Karikatur der katholischen, abgehalten und mancherlei Unzucht getrieben wird. Zum Schluss erhalten die Mitglieder des Bundes Pulver und Tränke, mit denen sie die Saaten verwüsten, das Vieh verderben, die Kinder töten, um sich endlich durch die Luft nach Hause zu begeben. Kein Unglücksfall in Stadt und Dorf, der nicht durch irgendeine böswillige Hexe im Auftrag ihres Meisters verursacht worden wäre.

Für den gelehrten Richter kam es darauf an, die Merkmale zu finden, an denen Hexer und Hexen kenntlich waren; dass diese Menschen im Falle des Leugnens gefoltert, im Falle der Überführung verbrannt werden mussten, das war bei den besten Köpfen anerkannt, alle Gerichtshöfe Europas hatten zweihundert Jahre lang mit der Aufstöberung, Folterung, Einäscherung dieser Hysterischen oder auch nur Verleumdeten vollauf zu tun.

Bei der spanischen Inquisition sind die Todesurteile wegen Zauberei und Hexerei auffallend selten gewesen, man forschte den Gründen einer Beschuldigung wirklich nach und ließ allgemeines Gerede nicht als Beweis gelten. Oft genug waren ja die Kinder, die von einer Hexe hatten erwürgt sein sollen, noch am Leben, und der Misswachs, den sie auf das Feld eines Feindes gezaubert hatte, war über die ganze Provinz gefallen. Wurde aber doch ein Todesurteil gefällt, so pflegte die Suprema eine neuerliche genaue Untersuchung zu fordern. Manche Inquisitoren scheinen überhaupt nicht an Hexenkünste und Teufelsbündnis geglaubt zu haben, Frauen, die kamen, sich selbst teuflischer Buhlschaft zu zeihen, fanden keinen Glauben bei ihnen. Früher, als in den übrigen Staaten Europas, hat man in Spanien aufgehört, Hexen zu verbrennen, und die Inquisition ist sogar über die Verordnungen der Päpste hinweggegangen, die die größte Schärfe anbefahlen.

Eine Hexenepidemie, die sich eines ganzen Dorfes bemächtigt hatte, soll im nächsten Kapitel geschildert werden.

Das Volk war mit dieser Milde nicht einverstanden, es wollte seine Hexen brennen sehen und fühlte sich benachteiligt. Man wird wieder einmal das Gefühl nicht los, dass die spanische Inquisition ein legitimer Spross des spanischen Volkes gewesen ist, dass sie theologisch verklauselt, nur das vollbracht hat, was das Volk begehrte. Trotz allem Hass gegen die Inquisition – der sich immer wieder in Akten der Feindseligkeit Luft gemacht hat – ist im Volke doch ein Gefühl verbreitet, dass die Inquisition ein wesentlicher Bestandteil seines kulturellen Lebens ist, nicht durchaus ein ihm aufgezwungenes fremdes Element, sondern ein Stück seiner selbst. Man erkennt ihre Bedeutung für das Wohl des Landes und sogar ihre Heiligkeit an und ist nur mit ihrer allzu großen Strenge und der weitverbreiteten Unsicherheit nicht einverstanden. In der „Erzählung des Gefangenen“, die sich im

„Don Quijote" findet, spricht der aus mohammedanischer Gefangenschaft Zurückgekehrte seinen Entschluss aus, freiwillig die Inquisition aufzusuchen, um nach allen Irrungen von ihr wieder mit der Kirche versöhnt zu werden. Dass jemand allein zu Gott zurückfinden könnte – dieser Gedanke ist dem Spanier fremd.

Obgleich also die spanische Inquisition dem Hexenwesen nicht viel Wert beimaß, war doch jedermann verpflichtet, an den Teufel zu glauben, widrigenfalls er riskierte mit dem Kerker Bekanntschaft zu machen. Noch im 18. Jahrhundert wurde ein Handwerker in Madrid verhaftet, weil er behauptet hatte, dass es weder einen Teufel noch andere höllische Geister gäbe, die der menschlichen Seele Schaden tun könnten. Er gestand vor Gericht alles ein und erzählte, dass er sich an eine Hexe gewandt hatte, denn er wollte Christus absagen und sich dem Teufel ergeben. Er befolgte alle ihre Weisungen, verschrieb seine Seele mit dem eigenen Blute Satan und rief ihn, wie ihm geboten worden war. Aber es hatte nichts genutzt, der Teufel hatte sich nicht blicken lassen, und so war der Mann zu der Überzeugung gekommen, dass es weder einen Teufel noch richtige Hexen gäbe. Man legte ihm dar, dass dies nichts gegen die Existenz von Hexen und bösen Geistern beweise, konnte man ja unmöglich wissen, warum sich der Teufel geweigert hatte zu erscheinen, und vielleicht war auch der Zauber nicht ganz in Ordnung gewesen. (Derselbe Gedankengang wird heute von allen Spiritisten beständig wiederholt). – Der Mann schwor seine Irrtümer ab, empfing die Absolution, wurde zu einem Jahr Kerker verurteilt und musste bis zu seinem Tode unter der Aufsicht eines Priesters leben. Erstaunlich ist auch der Fall eines Mannes, der sich als Hermaphrodit entpuppte und deshalb schwer bestraft wurde, weil solches offenbar nicht ohne teuflische Einwirkung möglich sein konnte.

Geheimnistuerische Zauberbücher waren überall verbreitet, und so harmlos sie im Grunde sein mochten, sie konnten ihren Besitzer und Benützer (nicht nur in Spanien) vors Gericht und in den Kerker bringen. In Deutschland waren die dem Agrippa von Nettesheim zugeschriebenen Schriften, dann ein *„Specimen Magiae albae* oder Rufung des Engels Gabriel", das „Große Grimarium", vor allem aber das berühmte Buch *„Claviculae Salomonis et Theosophia pneumatica"* (das man in einer deutschen Ausgabe, Duisburg und Frankfurt 1686, lesen kann) viel verbreitet und studiert. Die Claviculae standen im Ruf, die Heilige Schrift denen zu ersetzen, die sich der Magie ergeben hatten, und wurden von der Inquisition eifrig gesucht. Das Buch behandelt die „Geist-Kunst" und wirft die Frage auf, ob sie teuflich sei oder göttlich. Es erzählt, dass Gott dem Menschen diese Kunst schon im Paradies offenbart hätte, und will sie neu lehren. „So ist derowegen dieses Buch verfasset worden, daraus die Gottseligen Lehrjünger einen Weg erlernen möchten, wie sie zu der wahren Geist-Kunst kommen und von GOTT möchten gelehret werden. Denn die Kunst ist niemand versagt." – Was diese Geist-Kunst betrifft, so lehrt sie unter vielem anderen, wie man sein Leben unbegrenzt verlängern kann, wie man die elementaren Geschöpfe, als da sind: Zwerglein, Bergmännlein, Wasserfrauen, Erich-Frauen (?) zum Gehorsam zwingen kann, wie man Geister beschwört (man soll sie aber nicht länger als eine Stunde aufhalten und nicht mehr als drei Fragen an sie richten), endlich wie man es anstellen muss, um noch einmal auf die Welt zu kommen. Geringer ist dann die Goldmacherkunst, die Heilung aller Übel durch den Stein der Weisen und andere mehr alltägliche Dinge wie die Erlernung jeglichen Handwerks und die Mittel, reich zu werden. Viel Gottloses ist da eigentlich nicht zu finden, etwa die üblichen Geschichten der Astrologie, gemengt aus Bibel, Antike und was man sonst noch zusammentrug; ein paar hebräische und pseudohebräische Wörter geben den nötigen geheimnisvollen Anstrich.

FÜNFTES KAPITEL

EINZELNE FÄLLE

1

Ein Inquisitor, wie ihn die blutrünstigste Phantasie nicht ärger ersinnen könnte, hat bald nach der Einrichtung der Inquisition in Cordoba gewirkt. Er hieß Lucero und verstand es, an Adeligen, reichen Kaufleuten und kirchlichen Würdenträgern, denen man nichts nachsagen konnte, auf raffinierte Art durch Einkerkerung und Tortur, Erpressungen zu üben. Er unterwies einige Helfershelfer in jüdischen Gebeten und Riten, und sie mussten dann vor Gericht bezeugen, dass eine große Verschwörung im Land bestände, an der alte und neue Christen Teil hätten. Die Verschwörer nährten den erstaunlichen Plan, ganz Spanien dem Christentum abspenstig zu machen und dem jüdischen Glauben zuzuführen, fünfundzwanzig Prophetinnen zogen umher, teils wie andere Leute, teils mithilfe des Teufels durch die Luft, begleitet von Geistlichen und Predigern, die für das Verderben des Landes wirkten. Es fanden sich Zeugen, die alles mitangesehen hatten, die Prophetinnen und sonstigen Teufelsdiener namhaft zu machen wussten. Hundertsieben Menschen wurden an einem Tage verbrannt. Volk, Behörden und Geistlichkeit waren eines Sinnes, der Bischof von Cordoba richtete im Namen aller eine Bittschrift an den Papst, sie von ihrem Inquisitor zu befreien. Als dies keinen Erfolg hatte, wandte man sich (1505) an den Großinquisitor Deza um Abhilfe, schließlich an Johanna die Wahnsinnige, die wenigstens dem Namen nach, ihrer Mutter Isabella in der Herrschaft gefolgt war; und an ihren Gemahl und Mitregenten, Philipp von Österreich. Johanna tat nichts, Philipp griff energisch ein, aber der Inquisitor von Cordoba schien mächtiger als die Großen. Er hatte eine Frau auf der Folter dahin gebracht, dass sie sich für eine jüdische Prophetin ausgab und genau einen jüdischen Gottesdienst beschrieb, der im Palast des Erzbischofs Talavera abgehalten worden war. Dieser Mann, den das Volk wie einen Heiligen verehrte, wurde von Lucero angeklagt und mit allen seinen Verwandten ins Gefängnis gesetzt. Hierzu hatte Lucero kein Recht, aber es gelang ihm, König Ferdinand zu überzeugen, dass der Erzbischof, gegen den eine Menge Zeugen aufgetreten waren, das Haupt der großen jüdischen Verschwörung sei, und der König bemühte sich selbst beim Papst, dass gegen Talavera Maßregeln ergriffen würden, während Philipp und seine Gattin Johanna, die er als nominelle Königin vorschob, die Partei des Erzbischofs nahmen. Philipp setzte durch, dass Lucero angeklagt wurde, worauf dieser Miene machte, noch vor seiner Verhaftung alle Gefangenen zu verbrennen, damit sich keine Zeugen gegen ihn fänden. Aber der deutsche Fürst, dem das ganze Treiben der Inquisition nicht sonderlich zusagen mochte, griff persönlich ein, der Mord unterblieb. Kurz nachher ist Philipp jung gestorben, die Ursache seines Todes kennt man nicht.

Sogleich setzte Deza seinen Schützling Lucero wieder ein, und dieser begann von Neuem, grundlos einzukerkern und zu verbrennen. Er verfügte über ein paar Kreaturen, die als Zeugen beschworen, was er wollte, und er schickte solch einen Mann, vermutlich im Einvernehmen mit dem dortigen Inquisitor, nach Jaën, um reiche Conversos und andere, bei denen es die Mühe lohnte, in den Kerker und auf die Folter zu bringen, damit man von ihnen das Geständnis ihrer Ketzerei erpressen und ihr Gut nehmen könnte. Es ging immer weiter. Die Inquisitoren von Jaën kamen nach Arjona, luden die Sklaven der Reichen vor und versprachen ihnen die Freiheit, wenn sie die Ketzerei ihrer Herren bezeugen wollten. Man fragte von Haus zu Haus bei allen Bürgern nach; unbegründete Aussagen, die man hören wollte und den Leuten in den Mund legte, galten als Beweise. Wer nichts anzugeben wusste, wanderte ins Gefängnis. Die Inquisitoren erreichten ihren Zweck, Angeber und falsche Zeugen gingen nicht leer aus.

Indes hatte Lucero in Cordoba seine Schreckensherrschaft fortgeführt. Endlich ertrug es das Volk nicht länger, es drang in den Alcázar ein, befreite alle Gefangenen und wollte Lucero erschlagen, doch dem gelang es, rechtzeitig zu fliehen. Dies war der erste Ausbruch gegen die spanische Inquisition. Die Revolte verbreitete sich von Cordoba aus über Castilien und Andalusien, jedoch vermochten die planlosen und unorganisierten Bürger nichts, und auch Gesuche an König und Papst, die um die Absetzung Dezas baten, blieben erfolglos. Papst Julius II., der große Erkenner Raffaels und Michelangelos, schrieb an Deza, dass sich die Feinde des Christentums gegen die Inquisition verschworen hätten, und befahl ihm, mit der äußersten Strenge gegen sie vorzugehen, bis diese Pest ausgerottet sei. Lucero wurde zurückgeführt, durfte ungehindert nach seiner Laune schalten, Erzbischof Talavera musste in der Prozession des Autos unter den reuigen Büßern gehen und starb gleich darauf. Er hat dem Volk als ein Wundertäter gegolten.

Indes war Ximenes Großinquisitor geworden, und der Papst verstand sich endlich dazu, einen Kleriker nach Spanien zu senden, der die cordobanischen Angelegenheiten, die immer mehr von sich reden machten, untersuchen sollte. Der ließ Lucero gefangen nehmen und nach Burgos bringen – das erste Mal, dass ein Inquisitor vor Gericht gezogen wurde. Eine Kommission unter Ximenes Vorsitz erkannte, dass Lucero ohne jeden Grund eine Menge Menschen eingekerkert und hingerichtet hatte, man entließ alle, die noch im Gefängnis saßen. Aber Ferdinand wollte sich in seine Inquisition nicht hineinreden lassen, er befahl, dass Lucero frei ausginge.

Die Schandtaten des Lucero, die jahrelang gewährt und niemals ihre Sühne gefunden hatten, mussten allen Inquisitoren Spaniens die Gewissheit geben, dass keiner da war, der ihnen in die Arme fiel. Der König hatte ja den Ärgsten aller gegen Großinquisitor und Papst geschützt.

2

In ganz Europa berühmt wurde der Fall des Erzbischofs Carranza. Als erster Kirchenfürst des Landes hatte er 1558 am Sterbelager Karls V. geweilt und ihm die letzte Ölung gespendet. Er war immer ein streitbarer Kämpfer der Kirche gewesen und hatte in England viele Ketzer bekehrt, aber der Großinquisitor Valdéz war ihm feindlich gesinnt, Carranza wurde in der Zeit, da der Kampf gegen das Luthertum alle Leidenschaften aufwühlte, wegen einiger aus dem Zusammenhang gerissener Äußerungen als Lutheraner angeklagt. Es gelang Valdéz, Philipp II. von der Schuld Carranzas zu überzeugen und die Erlaubnis zu erwirken, dass er gefangen genommen werde. Der König ernannte selbst Richter über Carranza, der Prozess zog sich von Jahr zu Jahr hin, beschäftigte das Trienter Konzil, kam vor den Papst, Carranza wurde nach Rom gebracht und im Jahre 1576, nachdem sein Prozess siebzehn Jahre gedauert hatte, zur feierlichen Abschwörung seiner Irrtümer vor Papst und Kardinälen und zur Kirchenbuße verurteilt. Seine Schriften kamen auf den Index. Die Inquisition hatte über den höchsten kirchlichen Würdenträger Spaniens gesiegt.

Protestanten-Verbrennung

Im Laufe der Zeiten sind Fürsten, Bischöfe, Erzbischöfe und Heilige vor das Gericht der Inquisition gezogen und verurteilt worden. Nur ein paar Namen mögen hier angeführt werden: Königin Johanna von Navarra, ihr Sohn Heinrich von Bourbon, König Philipp von Aragon, Don Juan de Austria, ein natürlicher Sohn Philipps IV., ferner ein Sohn des mohammedanischen Kaisers von Fez und Marokko, der zum Christentum übergetreten war (und den Calderón zum Helden seines Schauspieles „El gran Principe de Fez" gemacht hat). Dass Don Carlos auf Wunsch seines Vaters Philipp II. von der Inquisition verurteilt und getötet worden sei, scheint sagenhaft zu sein. Die Inquisition ist gegen Ignaz von Loyola, den Begründer des Jesuitenordens, eingeschritten, ebenso gegen Franz von Borgia, Herzog von Gandia, den dritten General des Jesuitenordens, der aber rechtzeitig nach Rom floh und der Verurteilung entging, indes seine Schriften verboten wurden. Der heilige Johann de Ribera, Erzbischof von Valencia, die heilige Therese, der heilige Johann vom Kreuze, haben unter dem Argwohn und zum Teil unter der Anklage der Inquisition gelitten.

Als Papst Sixtus V. eine italienische Bibelübersetzung herausgab und den Gläubigen ans Herz legte, ließ ihm Philipp II. in Übereinstimmung mit der spanischen Inquisition ernstliche Vorstellungen machen, denn bekanntlich war nur die lateinische Bibel gestattet. Man verdächtigte Philipp II. sogar den Papst, der bald darauf starb, ermordet zu haben, die spanische Inquisition eröffnete einen Prozess wegen Begünstigung der Ketzerei gegen sein Andenken und verbot jene Übersetzung.

Noch merkwürdiger ist vielleicht, dass die allerkatholischesten Könige Karl V. und sein Sohn Philipp II. als Begünstiger der deutschen Ketzerei ausgeschrien wurden. Papst Paul IV. trug sich mit der Absicht, Karl V., der mit den Lutheranern den Religionsfrieden von Augsburg geschlossen hatte, zu exkommunizieren, ihn der kaiserlichen und der spanischen Krone für verlustig zu erklären und die Völker Deutschlands, Spaniens und Italiens des Treueides gegen ihn und Philipp, der damals Vizekönig von Neapel war, zu entbinden. Karl entsagte freiwillig dem Thron, und Philipp, der ihm nachfolgte, beriet sogleich mit mehreren Theologen, wie er sich im Fall des päpstlichen Bannes benehmen sollte. Es kam aber nicht dazu, vielleicht weil der Herzog Alba von Neapel aus bis an die Tore Roms zog und den Papst zum Waffenstillstand, später zum Frieden zwang.

4

In den baskischen Provinzen nahm im 16. Jahrhundert das Hexenunwesen so sehr überhand, dass man von Staats wegen dagegen einschreiten musste. Auf Veranlassung Karls V. sollten (1527) tüchtige Prediger nach Biskaya geschickt werden, um das Volk in der christlichen Lehre zu unterweisen und von seinen Einbildungen abzubringen. Aber es war unmöglich, die rechten Männer zu finden.

Im gleichen Jahre entdeckte man einen neuen Hexenherd in Navarra. Zwei Mädchen, eines elf, das andere neun Jahre alt, klagten sich selbst an und bekannten, dass sie in die Sekte der *„Jurguinas"*, die Zauberei trieb, aufgenommen worden waren. Sie erklärten sich bereit, alle Hexen anzugeben, und verrieten auch den Ort ihrer Zusammenkunft. Die beiden Kinder erkannten an dem linken Auge einer Frau, ob sie eine Hexe sei, und es stellte sich heraus, dass sie nicht gelogen hatten. Die Hexen wurden in den Kerker gesetzt, eine gab die andere an, ihre Zahl stieg auf über hundertfünfzig. Da erfuhr man mancherlei über diesen Beruf, über den Ort der nächtlichen Zusammenkünfte und die Zeremonien der Einweihung. Jede Frau, die um Aufnahme bittet, muss sich vorerst in Gegenwart aller mit einem wohlgewachsenen jungen Mann fleischlich vermischen, sodann Christus entsagen. Ein schwarzer Bock erscheint im Kreise der Hexen, lässt seine schreckliche raue Stimme hören und empfängt von jeder, auch von der Neuaufgenommenen, den berühmten Kuss der Huldigung. Die Männer, die bei der Zeremonie anwesend sind, verwandeln sich nun in Böcke, jede Hexe salbt sich mit dem Saft einer Kröte und verschiedenen Gewürmes, setzt sich auf ihren Bock und entweicht durch die Luft, um Menschen, Tieren und Feldfrüchten allerlei Unheil zu bringen. Satan öffnet ihnen Türen und Fenster, damit sie hineinfliegen und die Menschen vergiften können. Kommt eine Hexe die Lust an, Messe zu hören, so sieht sie die Hostie schwarz, ist sie aber willens, ihren Praktiken zu entsagen, so erscheint sie ihr wieder in der natürlichen Farbe.

Der vom Gericht eingesetzte Kommissär wollte sich überzeugen, was es mit diesen Hexereien auf sich habe, ließ eine alte Hexe kommen und versprach ihr unter der Bedingung Gnade, dass sie ihn ihre Zauberkünste sehen lasse. Die Hexe führte den Kommissär auf einen Turm, trat an ein Fenster, rieb sich angesichts der versammelten Menschenmenge mit ihrer Zaubersalbe ein und schrie laut: „Bist du da?" – Jedermann hörte die Antwort, die aus den Lüften kam: „Ja, ich bin da!" – Nun begann das Weib am Turm hinabzuklettern, den Kopf nach unten wie eine Eidechse, flog plötzlich vor aller Augen in die Luft und war noch lange zu sehen. Nach zwei Tagen wurde sie auf einem Feld gefunden; gefragt, warum sie denn nicht weitergeflogen sei, antwortete sie, dass ihr Herr sie nicht weiter hatte tragen wollen. – Diese und viele andere Hexen kamen vor dem Inquisitionsgericht mit dem Leben davon, sie wurden gepeitscht und eingekerkert.

Protestanten-Verbrennung

5

Eine Zauber- und Hexenepidemie war 1610 in Zugarramurdi
bei Logroño ausgebrochen. Allwöchentlich Montag, Mittwoch und
Freitag nachts kamen die Teilnehmer auf einer Wiese zusammen, der
Teufel trat unter sie in der Gestalt eines düsteren, hässlichen, schwarzen Mannes und bestieg einen Thron aus Ebenholz, der mit Gold aus-
gelegt war. Auf seinem Kopf saß eine Krone von kleinen Hörnern, das
Hinterhaupt trug zwei große Hörner, die Stirn ein drittes. Dieses Horn
auf der Stirne leuchtete mit einem starken weißen Glanz, sodass man
alles ringsum sehen konnte. Seine Augen waren groß und rund und
sprühten Flammen, sein Bart glich dem Bart einer Ziege, seine Finger
trugen lange Krallen, seine Füße waren Gänsefüße. Im Ganzen schien
er, halb ein Mensch und halb ein Bock zu sein, seine Stimme klang wie
das misstönende Geschrei eines Esels.

Wenn der Meister seinen Thron bestiegen hat, wirft sich alles nieder,
nennt ihn Herrn und Gott und sagt sich neuerlich von Christus los.
Zauberer und Hexen küssen ihm den linken Fuß, das Hinterteil und
die Pudenda[12], sie beichten ihre Sünden, vornehmlich ob sie eine Kirche betreten und eine Messe gehört haben. Der Herr schilt sie aus, lässt
sie durch einen der Zauberer peitschen und erteilt ihnen Absolution,
wenn sie Besserung geloben. Dann wird, jedoch nur an den großen
christlichen Festtagen, die s c h w a r z e M e s s e begangen. Sechs oder
sieben teuflische Diener erscheinen, bauen einen Altar auf, bringen
Kelch, Patene, Missal, Kännchen und was sonst zur Messe nötig ist
und errichten einen Zelthimmel. Sie helfen dem Teufel Infül, Chor-
hemd, Messgewand und den übrigen vorgeschriebenen Schmuck
anlegen, er zelebriert die Messe, ermahnt die Gläubigen, nie wieder
zum Christentum zurückzukehren, verheißt ihnen auch paradiesische
Freuden nach dem Tode, wenn sie immer streben, alles das zu tun,
was die Kirche verbietet. Die vornehmste der Hexen, die ihre Königin
genannt wird, sitzt zu seiner Rechten mit dem Kelch, der das Bildnis
Satans trägt, der König der Zauberer hält ein Becken. Alle, die schon
das Gelübde abgelegt haben, weihen ihm ein Opfer, hernach beten

---

12   Anm. des Verlags: Vermutlich ist hier die „Arteria pudenda interna" gemeint.

sie ihn auf ihren Knien an, und während einer seinen Schweif aufhebt und Gestank seinem Leibe entfährt, wird ihm nochmals der Kuss der Huldigung dargebracht. Der Teufel spricht sodann den Segen über das Brot, etwas Schwarzes Rundes, das einer Schuhsohle gleicht, und hernach über den Wein, der eine übelriechende Flüssigkeit ist. Er teilt das Abendmahl unter beiderlei Gestalt aus, die Flüssigkeit schmeckt bitter und widerlich, das Brot ist schwarz, hart und schwer zu schlucken. Zum Schlusse vermischt sich der Teufel mit allen Männern und Frauen, die zugegen sind, und befiehlt ihnen, dasselbe zu tun, ohne Rücksicht auf Ehe und Verwandtschaft. Wer höher bei ihm in Gnade steht, wird zuerst herangerufen, der König der Zauberer und die Königin der Hexen dürfen nach ihm wählen. Nun wird allen befohlen, Böses zu tun, wie sie können, und auch nicht die Tierverwandlung zu vergessen.

Wer in die Teufelsgilde aufgenommen werden will, muss einen Paten oder eine Patin finden, die ihn in die nächtige Versammlung einführen und vor Satan bringen. Der sagt: „Ich will ihn gut behandeln, aber er muss seinen Glauben abschwören und versprechen, Gott, Christus, der Heiligen Jungfrau und allen Heiligen abzusagen, nie ihren Namen zu nennen, noch das Zeichen des Kreuzes zu machen oder irgendein christliches Werk zu tun." Kniend erkennt der Neuling Satan als seinen einzigen Gott an, schwört ihm Gehorsam und Treue bis in den Tod, verzichtet auf die ewige Seligkeit der Christen, um hienieden glücklich zu sein und nach dem Tode in das Paradies des Teufels einzugehen. Der Herr zeichnet ihn mit der Klaue seiner linken Hand und drückt ihm ohne jeden Schmerz in sein linkes Auge, die Gestalt einer kleinen Kröte ein, an der ihn fortan die Genossen erkennen werden; er übergibt dem Paten oder der Patin eine bekleidete Kröte mit der Ermahnung, sie gut zu pflegen und vor jedermann zu verbergen, denn an ihr hängt von nun an das Schicksal des Neugewonnenen. Die Kröte ist ein mächtiger Dämon, der ihn durch die Luft tragen, unsichtbar machen oder seine Gestalt verwandeln kann. Jedoch wird dem Jünger die Kröte noch nicht in die Hand gegeben, da er sich ihrer erst würdig erweisen muss. Sie steckt in einem kleinen Sack aus grünem oder schwarzem Samt, der beim Bauche offen ist und oben in eine Kapuze endet, aus der der Kopf hervorsieht. Der Adept muss sie täglich füttern und ihr schmeicheln und schön tun, dafür weckt sie ihn auf, wenn es Zeit ist, sich in die nächtige Versammlung zu begeben. Im

Falle der Pate, Gutes von dem Kandidaten zu melden weiß, wenn dieser oft genug die Gebote der Kirche übertreten und Gott und seine Heiligen gelästert hat, wird er als Zauberer aufgenommen und empfängt den Segen Satans, der um ihn einen Kreis mit der linken Hand zieht und ihm sodann die Kröte einhändigt.

Ehe sich Hexer und Hexe zur Versammlung begeben, müssen sie ihre Kröte gut füttern und dann mit Ruten schlagen, bis sie spricht: „Es ist genug!" Sodann drückt man ihr ein ekelhaft grünliches Wasser aus und beschmiert sich damit, worauf man samt der Kröte davonfliegen kann. Dies ist nur bei Nacht möglich, denn die Kröte verschwindet mit dem ersten Hahnenschrei, und ihr Herr ist unversehens wieder daheim.

Die Zauberer, die in besonderer Gunst beim Teufel stehen, lernen von ihm, wie man tödliches Gift bereitet. Hierzu sind Kröten, Schlangen, Eidechsen, Schnecken, anderes Gewürm und mehrere Pflanzen nötig, die man mithilfe des Herrn findet und die er besonders segnet. Den Tieren wird die Haut mit den Zähnen abgezogen, sie werden zusammen mit den kleinen Knochen und dem Gehirn von Toten in einen Topf gelegt, man gießt das Krötenwasser darüber und lässt alles so lange sieden, bis man es zerreiben kann. Dieses Gift ist für Menschen tödlich und den Früchten des Feldes zum Verderben.

Will man dem Herrn besonders zu Diensten sein, dann sucht man den Leichnam eines ungetauften Kindes, schneidet ihm den Arm ab und zündet die Finger wie Kerzen an. Mit dieser Leuchte sehen die Zauberer überall und können selbst nicht gesehen werden. Sie schleichen auf den Kirchhof, öffnen die Gräber, nehmen die Nasenknorpel und das Hirn der Toten, gießen das Krötenwasser dazu und essen von diesem Brei, bieten ihn auch ihrem Herrn, der sich gern daran labt und die Überreste an seine Günstlinge austeilt.

Der Teufel hilft den Seinigen; er schickt einen Stellvertreter in Haus und Bett des Mannes, der zur Versammlung berufen worden, eine Frau in Gestalt der Gattin zu dem Mann, der von ihrem Hexentreiben nichts weiß. An diesen Nachtmännchen und Nachtweibchen kann sich ein Mensch leicht versehen und so Schaden an der Seele nehmen. Bleiben Hexer und Hexe trotz der Mahnung ihrer Kröte der nächtigen Feier fern oder vergessen sie, Menschen und Tieren Schaden zu tun, so werden sie das nächste Mal getadelt und mit Dornen gezüchtigt. –

Alles dies und noch manch anderes wurde durch die Aussage der Maria de Zugaya und achtzehn anderer Hexen bekannt, ein kleines Mädchen, das von einer Hexe zur Versammlung mitgenommen worden war, entdeckte die nächtigen Zusammenkünfte in Zugarramurdi. Jene Maria erzählte bei Gericht, dass sie niemals die Hostie hätte anders sehen können als in einem grauen Nebel, solange sie Hexe gewesen; nachdem sie aber bereut und alles gebeichtet hatte, wäre der Nebel allmählich geschwunden. Als der Teufel von ihrem Abfall erfuhr, ließ er sie durch seine Zauberer verfolgen, und sie hatte gegen diese Angriffe keine andere Waffe als den Rosenkranz und die Anrufung der Heiligennamen, durch die oft ihre Feinde zur Flucht gezwungen worden waren. Schließlich hatte ihr der Teufel noch mit seiner linken Hand ein paar Schläge versetzt und durch seine Zauberer ihren Garten verwüsten und einer Mühle ihres Schwiegervaters viel Schaden zufügen lassen. Maria erzählte auch, dass sie jede Nacht vom Teufel besucht werde, der seit mehreren Jahren die Stelle eines Mannes bei ihr vertrete; einmal hatte er ihre eigene Gestalt angenommen und für sie Antworten erteilt, als sie gerade auf der Bockswiese gewesen war. Sie hatte vielen Menschen Schaden getan, und ihr Mann war an einem Ei gestorben, in das sie das giftige Pulver gezaubert hatte. In der Gestalt eines Hasen hatte sie einen Geistlichen, der gerade auf die Jagd gegangen war, lange hinter sich hergezogen.

Der König der Zauberer von Zugarramurdi gestand, dass er kleinen Kindern alles Blut aus dem Körper gesogen hatte, um dem Teufel ein Vergnügen zu bereiten, der solches gern sähe und mit den Worten befehle: „Saugt, saugt, saugt, das ist gut für euch!" So hatte er auch mit dem Kind seiner Schwester getan. Ein anderer bekannte, dass er sein eigenes Kind getötet, es verscharrt und nach einiger Zeit ausgegraben hatte, um mit dem Leichnam für sich und andere Zauberer ein Mahl zu bereiten. Seine Frau, die Hexenkönigin, war auf eine andere eifersüchtig geworden, weil der Teufel sie ihr vorzuziehen schien, und hatte die Nebenbuhlerin mit seiner Erlaubnis getötet. Ihrer eigenen Tochter hatte sie den Teufel zugeführt, und die hatte durch ihn viel Blut verloren. Die Frau bekannte noch mehr Morde und Schandtaten und gab viele Genossen an.

Der Mann, der dem Teufel als Scharfrichter gedient hatte, trug ein Zeichen von ihm am Leib, und diese Stelle ließ keine Waffe durchdringen, man mühte sich vergeblich, Nadeln hineinzustechen. Dieser

Hexer erzählte auch, dass er beim ersten Besuch der Versammlung erschrocken „Jesus!" gerufen hatte, worauf in einem Augenblick alles verschwunden war und er sich allein auf der Wiese befunden hätte.

Eine Menge Kinder waren von ihren Eltern in die Versammlung mitgenommen worden und erzählten weiter, was sie gesehen hatten. Deshalb mussten sie viel Schmerzen und Misshandlungen ausstehen, wurden in die Luft gehoben und fallen gelassen, bis sie der Vikar jede Nacht in sein Haus nahm, exorzisierte und mit Weihwasser besprengte. Als er es an einem Abend unterließ, wurden die Kinder von den Hexen auf die Bockswiese entführt und grausam gepeitscht. Vierzig Kinder bestätigten diesen Sachverhalt.

Maria de Zugaya wurde erwürgt, ehe man sie den Flammen übergab, fünf Zauberer, die alles leugneten, wurden lebendig verbrannt, die Hexen, die gestanden und bereut hatten, kamen mit dem Leben davon.

Es verdient, erwähnt zu werden, dass in dem Riesenprozess von Logroño meistens b a s k i s c h e und nur wenige spanische N a m e n erscheinen. Jener uralte nicht der indoeuropäischen Familie angehörige Stamm hat fast unberührt von Europa in seinen schwer zugänglichen Pyrenäentälern gehaust und vom Christentum nicht viel mehr angenommen als Aberglauben und Teufelsfurcht. Ignaz von Loyola, der einzige bedeutende Sohn des Baskenlandes, hat den Orden der Jesuiten gegründet, die die Inquisition übers Meer getragen haben und die erbittertsten Feinde des deutschen Geistes und der deutschen Reformation gewesen sind.

6

Zur Zeit der französischen Revolution geriet dem Tribunal von Toledo ein Franzose namens M i c h e l M a f f r e d e s R i e u x in die Hände, der berichtete, dass ihn die Werke Voltaires und anderer Philosophen zu der Überzeugung gebracht hatten, alle Religion sei nichts als eine Erfindung der Menschen. Er trachte nur nach der Wahrheit und er sei bereit, sich wieder der katholischen Religion, in der er aufgewachsen war, zuzuwenden, wenn man ihn von ihrer Richtigkeit zu überzeugen vermöchte. Es gelang auch wirklich einem gelehrten Theologen, Maffre den Nutzen und die Notwendigkeit einer Offenbarung darzulegen und er wollte sich wieder mit der Kirche versöhnen. Unerwartet trat eines Morgens der Kerkermeister bei ihm ein, befahl ihm, sich zu entkleiden, den Sanbenito anzuziehen, seinen Hals mit einem Strick zu umwinden, eine Fackel in die Hand zu nehmen und so vom Gericht sein Urteil zu empfangen. Maffre erschrak, denn auf solche Zeremonien war er nicht gefasst gewesen, weigerte sich und konnte nur mit Mühe in den Saal gezwungen werden. Als er eintrat, sah er vor sich eine große und vornehme Versammlung, die Zeuge des Autos sein wollte. Entsetzen und Wut befielen ihn, er verfluchte die Unmenschlichkeit und Hinterlist der Inquisition und rief laut, unmöglich könnte eine Religion wahr sein, die ehrliche Menschen beschimpfe. Mit Gewalt wurde er in sein Gefängnis zurückgebracht. Er war völlig außer sich, schrie nach dem Scheiterhaufen und erhängte sich schließlich, obgleich er gefesselt worden war, im Kerker. Man fand ein paar französische Verse vor, darin wurde Gott in der Natur angerufen und die Menschen verflucht, die einen redlichen Mann erniedrigten und töteten. – Llorente hat diesem Prozess als Sekretär der Inquisition von Toledo selbst beigewohnt.

Protestanten-Verbrennung

Sechstes Kapitel

1

Die Inquisition hatte im 17. Jahrhundert ihre größte Macht erreicht, sie war unabhängig vom Staate, ja vom König und ist wiederholt über seine Wünsche hinweggegangen, sie hat, ohne Philipp IV. zu fragen, einen seiner Minister eingekerkert. Nur das Recht, den Großinquisitor zu ernennen, ist dem König gewahrt geblieben, auf dessen Amtsführung hatte er keinen Einfluss.

Als die Habsburger ausstarben und Philipp V. aus dem Hause Bourbon den spanischen Thron bestieg (1701), nahm dieser König geblendet vom Vorbild Ludwigs XIV., auch die Oberhoheit über die Kirche Spaniens und über die Inquisition in Anspruch. In ihrem Kreise jedoch ließ er die Inquisition unbehindert walten, denn er teilte die allgemeine Überzeugung, dass durch sie Spanien von Ketzereien und Religionskriegen frei geblieben war, die den Regierungen aller anderen Länder Europas so viel Sorge geschaffen hatten und noch immer neue Wirren hervorriefen. Anderseits hatte jedoch dieser König von seinem Vorbild und Verwandten in Versailles die Meinung über die Pyrenäen mit herübergebracht, dass es Aufgabe eines Regenten wäre, das geistige Leben seines Landes zu fördern. Er gründete die National-Bibliothek, Akademien und höhere Schulen und legte so selbst eine Bresche in die Bemühungen der Inquisition, das europäische Denken von Spanien fernzuhalten. Von ihm und seinen Nachfolgern wurde die Inquisition immer mehr als ein brauchbares Mittel betrachtet, sich alle revolutionären Tendenzen vom Leibe zu halten und ohne viel Aufsehen gegen Umstürzler einschreiten zu können. Je weiter das 18. Jahrhundert gedieh, desto schlaffer verhielt sich die Inquisition gegen Ketzerei, ihre Hauptsorge wurde mehr und mehr die Abhaltung gefährlicher Ideen und der Bücher, mit denen sie ins Land kamen. Die Strafen wurden milder, man legte auch keinen Wert mehr darauf, pomphafte Autos zu veranstalten, um derentwillen man in Europa ausgelacht wurde, man arbeitete lieber als eine Art von staatlicher und kirchlicher Geheimpolizei hinter verschlossenen Türen und hatte ein wachsames Auge auf die gebildeten Klassen, auch auf die Priester-schaft, dass sie ihre aus französischen Büchern geschöpften religions-feindlichen Ansichten nicht zu laut hinausschrien.

Vom Jahre 1797 an entwickelte sich ein Zweikampf zwischen einem Gelehrten namens Jovellanos, der für einen der fähigsten Köpfe des Landes galt, und der Inquisition. Jovellanos hatte jahrelang wegen der Lektüre verbotener Bücher im Gefängnis gesessen, aber der König berief ihn als Minister, und er erklärte nun ganz offen, dass die Inquisition eine überjährte und völlig unnütze Einrichtung sei. Noch einmal blieb die Inquisition Siegerin, Jovellanos wurde seines Amtes enthoben und eingekerkert. Aber sein Gedanke war aus der Stimmung der Zeit heraus gesprochen worden, er verschwand nicht wieder, tauchte immer neu auf. Ein französischer Bischof richtete 1798 ein öffentliches Schreiben an den Großinquisitor, in dem er die Abschaffung der Inquisition forderte, und dieses Schreiben konnte unbehindert ins Spanische übersetzt und gedruckt werden. Ein paar Jahre vorher musste – ein noch nie da gewesener Fall – der Großin-quisitor Manuel Abat y la Sierra unter der Beschuldigung des Jansenis-mus (der alles deckte, weil niemand recht wusste, worin er eigentlich bestand) zurücktreten und wurde in ein Kloster gesperrt. In Wirklich-keit war er zu gleichgültig gegen Freigeister und Aufrührer gewesen.

Die Napoleonischen Kriege brachten Spanien in Verwir-rung. König Karl III. dankte 1808 zugunsten seines Sohnes Ferdi-nand VII. ab, jedoch die französischen Generale, die das Land zum Teil besetzt hielten, wollten den neuen Herrscher nicht anerkennen, und die ganze königliche Familie begab sich nach Bayonne, nahe der spanischen Grenze, um von Napoleon Gerechtigkeit zu erbitten. Er verbot ihnen allen, ins Land zurückzukehren, und setzte seinen Bru-der Joseph Bonaparte als König ein; der musste den Spaniern sogleich schwören, dass die katholische Religion allein im Lande berechtigt sei. Die Erben der französischen Revolution hatten wenig Respekt vor den spanischen Inquisitoren, aber die waren so klug, sich den Verhältnissen anzupassen, hielten es mit den Mächtigen und leisteten ihnen Dienste gegen politische Aufrührer. Freilich, als sie es wagten, den Sekretär des Generals Murat, der spöttische und gottlose Reden geführt hatte, gefangen zu setzen, schickte der General, der die ganze Einrichtung offenbar nicht sehr ernst nahm, ein paar Soldaten hin und ließ seinen Sekretär herausholen. Als Napoleon selbst 1808 nach Madrid kam, erklärte er die Inquisition für aufgehoben und jagte die Herren von der Suprema fort. In den anderen Städten blieben die Tribunale so lange in Tätigkeit, bis die Franzosen eindrangen.

Der Krieg gegen die fremden Herren hatte niemals ausgesetzt, mit den nationalen vereinigten sich die religiösen Energien, Volk und Priestertum sahen in den Franzosen nicht nur die Feinde und Bedrücker ihres Landes, sondern auch die Verächter des angestammten Glaubens. Anderseits war die spanische Reformpartei mächtig geworden, die die Ideen der neuen Zeit auf ihre Fahnen geschrieben hatte, die national sein wollte, aber nicht reaktionär. An der Südspitze des Landes in Cadiz, das von der Besetzung frei war, traten die Cortes zusammen (1842), die sich als wahre Regierung Spaniens betrachteten, und dem Lande eine Konstitution zu geben beschlossen. Ferdinand VII, wurde als rechtmäßiger Herrscher ausgerufen, der Katholizismus für die einzige Religion des Landes erklärt. Man beschäftigte sich in dieser Körperschaft viel mit der Inquisition, sie wurde scharf angegriffen, nicht nur von den Liberalen, sondern auch vom katholischen Standpunkt aus, man suchte darzulegen, dass sie veraltet und nicht das richtige Mittel wäre, die Ketzerei zu bekämpfen und die Religion zu beschützen. Da überdies die Freiheit der Presse zum Beschluss erhoben wurde, war damit das wichtigste Amt der Inquisition, die Bücherzensur, ganz von selbst beseitigt.

Der Kampf um die Inquisition wurde lange und mit großer Erbitterung geführt; im Fall sie wieder zur Macht gelangt wäre, hätte sich ja kein Mitglied der Linken seiner Freiheit sicher fühlen können; schließlich wurde mit einer Majorität von drei Vierteln aller Stimmen ein Kompromissantrag zum Gesetz erhoben, der die Inquisition nicht formell aufhob, aber erklärte, dass sie mit der neuen Konstitution unvereinbar sei. In jeder Kirche des Landes sollte an drei Sonntagen hintereinander verkündet werden, dass die Inquisition ihre Tätigkeit beendet hätte. Alle Sanbenitos, die da seit Jahrhunderten hingen, und jede andere Erinnerung an die Inquisition sollten entfernt werden.

Aber die Cortes hatten ihre Macht überschätzt und die Macht der Kirche und der Inquisition falsch beurteilt. Eine große Bewegung ging durchs Land, man schrie, dass die Cortes den altheiligen Glauben an Ketzer und Atheisten verraten hätten, keine Macht der Welt wäre berechtigt, eine Einrichtung der Kirche abzuschaffen. Wer dem Gesetz Folge leisten wollte, hätte sich damit als ein Ketzer bekannt und strafbar gemacht. Der römische Nuntius sandte einen Protest an die Regierung, weil sie in die Sphäre des Papstes eingegriffen hatte.

König Ferdinand VII. machte dem Streit dadurch ein Ende, dass er die Inquisition für ein christliches Dogma erklären ließ. Schon in den nächsten Cortes, die 1813 gewählt wurden, saß eine klerikale Mehrheit, die kirchliche Partei gewann, vom König gestützt, wieder die Oberhand. Ferdinand war ein Herrscher, dem jedes Gefühl von Verantwortlichkeit fehlte, der nur auf sein Vergnügen bedacht war, sein Wort nur dann hielt, wenn es ihm passte, und die Religion wie alle staatlichen Einrichtungen als Mittel ansah, seine Macht zu stärken. Die Franzosen waren 1814 durch spanische und englische Truppen aus dem Lande gejagt worden; als Ferdinand in Madrid einzog, setzte er alle Abgeordneten, die mit seinen Maßregeln nicht einverstanden gewesen waren, gefangen. Durch ein Manifest erklärte er die Konstitution von Cadiz und alles andere, was die Cortes festgesetzt hatten, für ungültig – so auch die Abschaffung der Inquisition. Er betrieb selbst ihre Angelegenheiten, schickte alle Beamten fort, die sich den Cortes gefügt hatten, und nahm an den Sitzungen der Suprema, gewissermaßen als Großinquisitor, teil.

Aber es war nicht mehr dasselbe wie in der alten Zeit. Verbrecher, die früher mit dem Tode bestraft worden wären, kamen jetzt mit einer Rüge oder einer kurzen Gefängnisstrafe davon.

Der neue Absolutismus stieß überall auf Widerstand, 1820 brach eine Revolution aus. Ferdinand wusste nicht aus noch ein, er berief neue Cortes nach Madrid und sah sich gezwungen, einen Eid auf die Verfassung von 1812 abzulegen, nachdem sich in Madrid Ähnliches ereignet hatte wie beim Sturm auf die Bastille von 1789. Ferdinand musste ein Dekret unterzeichnen, mit dem die Inquisition für abgeschafft erklärt und alle ihre Gefangenen frei gegeben wurden; der Staat sollte ihr Eigentum übernehmen. Das letzte Urteil, das die Inquisition gefällt hat, ist datiert: Toledo, den 10. Februar 1820.

Extreme Parteien bildeten sich, die untereinander in Streit lagen und um immer bedeutungslosere Fragen haderten. Aufläufe und Straßenkämpfe waren nichts Ungewöhnliches, das Volk, das von seinen Behörden durch Jahrhunderte bevormundet worden war, schien nicht fähig, sich selbst zu regieren. Einig war nur die Priesterpartei, sie setzte alles daran, die alten Zustände wieder herzustellen. Die Geistlichkeit war entrüstet, dass sie mit einem Male Steuern zahlen sollte, dass sich weltliche Behörden in die Angelegenheiten der Kirche zu mengen wagten. Man hielt sich an das oft bewährte Mittel und nannte Verfassung und Demokratie, Ketzerei und Gotteslästerung. Die Behörden wiederum setzten, vielfach ohne ihre eigenen Befugnisse zu kennen, Bischöfe ab, die ihnen nicht passten, wiesen 1820 die Jesuiten aus dem Lande. Der König wartete auf eine Gelegenheit, sich der Partei der Geistlichkeit anzuschließen.

Die Feinde der neuen Regierung sammelten in Katalonien eine „Armee des Glaubens", wandten sich an die Heilige Allianz, Österreich, Frankreich und Russland, um Hilfe gegen die Feinde der Religion. Alle Schäden der neuen Regierung, die sich von den früheren nicht allzu sehr unterschied, wurden ins Treffen geführt. 1823 drang eine französische Armee, die zum guten Teil aus spanischen Royalisten bestand, mit der Absicht ein, die Macht der Kirche wiederherzustellen. Ferdinand wagte erst dann, sich offen zu ihr zu bekennen, als sie ganz Spanien unterworfen hatte. Er richtete den Absolutismus sogleich wieder auf, hielt keine einzige seiner Versprechungen und machte, wie schon das erste Mal, alle seine Feinde im Kerker unschädlich. Er hatte in den drei Jahren seiner Ohnmacht ein Register der Leute angelegt, die ihm missfielen, nun nahm er ohne jede Rücksicht auf Gerechtigkeit und die Vorstellungen der fremden Gesandten Rache an ihnen. Hierbei wurde er von der Geistlichkeit unterstützt, die ihre alte Macht wiederzuerlangen und ihre Feinde zu vernichten hoffte. Trotz alledem gab er dem Drängen der Bischöfe, die Inquisition wieder einzusetzen, nicht nach, vermutlich weil es für ihn einfacher war, jeden Unliebsamen kurzerhand verschwinden zu lassen, als ein umständliches Gerichtsverfahren zu privilegieren, das er doch nicht in allen seinen Stadien beaufsichtigen konnte.

So verdarb er es sich mit dem Klerus, der nicht mit Unrecht von seiner völligen Gleichgültigkeit gegen die Religion überzeugt war. Die mächtige Kirchenpartei erhob seinen Bruder Don Carlos gegen ihn als Prätendenten. Diese Carlisten wirkten lange im Verborgenen, bald gab es Aufstände, die zu einem blutigen und langwährenden Bürgerkrieg führten. Auf dem Programm der Carlisten stand die Wiederaufrichtung der Inquisition, denn damit hatte sich die Geistlichkeit nicht abfinden können, dass ihr dieses stärkste Werkzeug der Macht genommen sein sollte. Man hatte in einigen Städten *Juntas de fe*, geheime Glaubensgerichte, eingesetzt, die auf eigene Faust Religionsprozesse führten. Als 1826 ein Lehrer namens Cajetano Ripoll, der sich zum Deismus bekannte, von solch einem bischöflichen Gericht gefangen genommen, verurteilt und gehängt wurde, verbot der König, der für dergleichen kein Verständnis hatte, die Juntas de fe. Das ist die letzte Hinrichtung wegen Ketzerei in Spanien gewesen. Aber erst 1834, ein Jahr nach dem Tode Ferdinands, hob der Staatsrat, der für eine minderjährige Prinzessin die Regierung führte, die Inquisition endgültig auf – zum vierten Male! – und verfügte, dass ihr Eigentum zur Tilgung der Staatsschulden verwendet werde. Die bischöflichen Juntas de fe, die noch da und dort weiter bestanden, wurden 1835 verboten.

Als 1859 wieder einmal eine klerikale Regierung die Geschäfte leitete, wurde die Erneuerung der Inquisition ernstlich erwogen; aber es ist nicht dazu gekommen. Freilich machte sich jedermann strafbar, der eine andere Religion bekannte, und wir haben schon berichtet, dass 1860 Protestanten wegen ihres Glaubens eingekerkert und zu schweren Strafen verurteilt wurden, was das größte Aufsehen in Europa hervorrief; man verwandelte die Gefängnisstrafen in Verbannung. 1869 gab es eine neue Konstitution, die Glaubensfreiheit für jedermann gewährte, jedoch durfte keine andere als die katholische Kirche öffentlichen Gottesdienst abhalten. Im Jahr 1875 mussten alle Universitätsprofessoren einen Eid ablegen, dass sie nichts lehren würden, was gegen die Dogmen der Kirche verstieß, und dass sie sich der Kontrolle der Bischöfe fügen wollten. Später noch sind da und dort Ketzer aus ihren Gräbern gerissen worden, und noch heute ist es für einen Spanier nicht ratsam, sich zu einer anderen Religion zu bekennen als zur katholischen.

2

Die spanische Inquisition liegt, klar übersehbar, eingerahmt zwischen das Jahr ihrer Begründung 1480 und das Jahr ihres Erlöschens 1834, als ein historisches Geschehen vor uns. Es ist unmöglich, auch nur annäherungsweise die Zahl derer zu bestimmen, die von ihnen gekerkert, gefoltert, bestraft, vertrieben, hingerichtet worden sind, und es hätte keinen Zweck, Zahlen zu nennen, die sich nicht begründen lassen. Wie viele es auch gewesen sein mögen, es hat genug Unschuldige unter ihnen gegeben, unschuldig auch im Sinne des Ketzergerichts.

Die päpstliche Inquisition ist bis zum heutigen Tage nicht aufgehoben worden. Die *Congregatio Inguisitionis seu sancti Officii*, die 1542 von Papst Paul III. begründet worden ist, besteht noch heute in Rom als *Congregatio sancti Officii* fort; der „weltliche Arm" freilich ist lahm geworden. Aber am 22. August 1851 hat Papst Pius IX. ausdrücklich, die von einem Lehrer des Kirchenrechts ausgesprochene Meinung verurteilt, „dass die Kirche nicht das Recht habe, Gewalt anzuwenden." 1866 wurde der Inquisitor Wilhelm Arnaud, 1867 der Inquisitor Peter Arbues heiliggesprochen, wodurch die Kirche ihre Wirksamkeit mit der höchsten Glorie umkleidet hat. Alljährlich am 30. Mai, dem Tage des heiligen Ferdinand III. von Castilien, denkt die Kirche seiner mit den Worten: „Er trug mit eigenen Händen Holz herbei, um die Ketzer zu verbrennen."

Es wird nicht ohne Interesse sein, einige Stimmen kirchlicher Schriftsteller der Gegenwart zu vernehmen, die vielfach das Aufhören der Inquisition betrauern und das Recht der Kirche, Ketzer zu bestrafen, für unveräußerlich ansehen. Der Spanier Francisco Garcia Rodrigo schildert die Leiden, die die katholische Kirche infolge der

Aufhebung der Inquisition zu erdulden hat, und wünscht, dass dieses Institut wieder aufgerichtet werde. (*Historia verdadera de la Inquisición* III. 502 f.) – Ähnlich Dévivier, *Cours d'Apologétique Chrétienne* (15. éd. 1899), ein von sechs Kardinälen und zweiunddreißig Bischöfen approbiertes und in mehrere Sprachen übersetztes Werk; sowie Hollweck, „Die kirchlichen Strafgesetze" (Mainz 1899), der speziell das Durchstechen der Zunge billigt. Grisar: „Durch Starrsinnigkeit ihres eigenen Willens zogen sich die Unglücklichen (die Ketzer) die Todesstrafe zu" (Zeitschrift für kath. Theologie 1879). – Martens: „Wir müssen uns als Katholiken hüten, jene Praxis der Ketzertötung mit dem falschen Liberalismus für die Eruption einer fanatischen Borniertheit oder eines unersättlichen Blutdurstes zu halten" (Verings Archiv f. kath. Kirchenrecht VIII, 205). – Das Kirchenlexikon von Wetzer und Welte, ein modernes Nachschlagewerk, steht auf dem Standpunkt der Inquisition. „Die Kirche hat das Recht und die Pflicht, die heiligen Glaubenswahrheiten allen Völkern zu verkünden … wider alle Angriffe zu verteidigen und jeden Widerspruch gegen die von Gott offenbarten Wahrheiten mit den ihr zu Gebote stehenden Mitteln zu verhindern und zu ahnden … Wenn daher ein Getaufter, ein Mitglied der Kirche, vom Glauben abirrt, so ist sie berechtigt und verpflichtet, den Verirrten zu belehren, zu ermahnen und zurechtzuweisen und, im Fall des Beharrens bei seinem Irrtum, ihn mit körperlichen und geistigen Strafen zu belegen." usw. (Art. Inquisition). – Dagegen zieht der Artikel „Todesstrafe" desselben Werkes (Joseph Laurentius) das Recht der Kirche, zu töten, in Zweifel und möchte die bekannte Wendung, womit die Ketzer dem weltlichen Arm übergeben wurden, „man möge milde mit ihnen verfahren", ernst nehmen.

Die in Rom erscheinende Monatsschrift „*Analecta ecclesiastica, Revue Romaine*", ein Organ der Kurie, schreibt (Jänner 1895) bei der Besprechung einer Ketzerverbrennung in Spanien: „Gewiss werden manche unter den Söhnen der Finsternis mit rollenden Augen und aufgeblähten Backen gegen die sogenannte Unduldsamkeit des Mittelalters losziehen. Wir brauchen die Wertlosigkeit solchen dummen Geschwätzes, unseren Lesern nicht klar zu machen. Mit vollem Recht haben kirchliches und bürgerliches Gesetz gemeinsam gegen derartige Sykophanten (die Ketzer) gekämpft, damit die Schafherde nicht verwüstet werde durch Wölfe im Schafsfell. Kommen Wölfe im Schafsfell, um die Lämmer zu zerreißen, dann sollen sie mit Feuer und Schwert vertrieben werden … O ihr gesegneten Flammen der Scheiterhaufen! Durch euch wurden nach der Vertilgung einiger ganz und gar verderbter Menschen, Tausende von Seelen von Irrtum und ewiger Verdammnis gerettet … O erlauchtes und ehrwürdiges Andenken Thomas Torquemadas! Dieser Großinquisitor hatte zweitausend Ketzer verbrennen lassen" usw. – Das neueste deutsche Buch über Spanien „Spanische Kultur und Sitte des 16. und 17. Jahrhunderts" von Ludwig Pfandl (Kempten 1924), ein schönes und reiches Werk, nennt die Inquisition die „spanische Reformation" und ist dementsprechend für sie eingenommen.

Einige Autoren fordern die H i n r i c h t u n g d e r K e t z e r. A. M. Lépicier O. S. M.[13], Professor am päpstlichen *Collegium de propaganda fide* in Rom, legt in seinem Buche „*De stabilitate et progressu dogmatis*", *Romae 1910*, das mit kirchlicher Bewilligung erschienen ist, dar, dass die Kirche als die vollkommenste Gemeinschaft auf Erden ebenso gut wie jeder Staat das Recht hätte, alle Strafen und auch die Todesstrafe zu verhängen. „*Si enim societati ius competit homicidam, etiam poenitentem, capitis damnando, cur Ecclesia simile ius denegabitur relate ad hominem, tam gravis criminis reum, quale est crimen infidelitatis?*" Zu Deutsch: „Wenn die Gesellschaft für sich das Recht in Anspruch nimmt, einen Mörder, selbst wenn er bereuen sollte, hinzurichten, warum sollte der Kirche das gleiche Recht verweigert werden bei einem Menschen, der sich eines so schweren Verbrechens schuldig macht, wie es die Ketzerei ist?" – Hierauf wird gegen die Ansicht polemisiert, dass ein so strenges Verfahren nicht mehr in unsere Zeit passe. „Wenn man bedenkt, welch ernste Sache es ist, den von Gott selbst eingesetzten katholischen Glauben zu verfälschen, und wie sehr die Ketzerei der Gesellschaft Schaden zufügt, so wird man wohl einräumen müssen, dass wenn ein Majestätsverbrecher oder ein Mörder berechtigterweise mit dem Tode bestraft wird, die noch mehr den Tod verdienen, die den katholischen Glauben, den sie bekannt haben, dann öffentlich

---

13   Anm. des Verlags: Hier ist vermutlich Alexis-Henri-Marie Lépicier gemeint. „O. S. M" steht für den katholischen Orden: „Ordo Servorum Mariae".

schmähen." – Hierzu beruft sich der Autor auf Thomas von Aquino und 4. Mose 24, 16[14]: „Wer den Namen Gottes schmäht, soll sterben" (p. 195 sqq.[15]) – Der Kardinal Camillo Tarquini geht noch weiter und fordert für die Kirche das Recht, die Ketzer selbst zu töten, denn „es kann aus dem göttlichen Recht keine Stelle beigebracht werden, wo dies verboten wäre" (*Iuris ecclesiastici publici institutiones, Romae 1862* p. 48). – Der Professor an der gregorianischen Universität in Rom de Luca will die Todesstrafe auch auf alle in der Ketzerei Geborenen (also auf alle Protestanten) ausgedehnt wissen (*Institutiones iuris ecclesiatici*).

Andere sprechen sich gegen die Bestrafung aus, so Staatslexikon der Görres-Gesellschaft 1904, Band 5, S. 213 f. … J. B. Sägmüller schreibt: „Die im Mittelalter üblich gewesenen weltlichen Strafen, wie Vermögenskonfiskation, Einkerkerung, Verbrennung, Feuertod, sind in Wegfall gekommen, seitdem die Häresie kein bürgerliches Verbrechen mehr ist" (Lehrbuch des kath. Kirchenrechts, 1914, II, 377).

3

Die Szene aus dem Schauspiel der Menschheitsgeschichte, die hier dargestellt worden ist, zeigt, wenn man sie unter einem allgemeineren Gesichtswinkel betrachtet, einen Aspekt, der sich wiederholt, seit Menschen denken und fühlen: Eine Idee ist als die endgültige Wahrheit erkannt worden, sie reißt die Menschen zu sich hinauf. Ein Mensch, eine Zeit, die eine große Wahrheit besitzen, fühlen den Zwang, allen anderen ihre Wahrheit zu bringen und aufzuerlegen. Die Jahrhunderte, die vorgeführt worden sind, haben die letzte Wahrheit ihr Eigen genannt – den katholischen Glauben, und die Inquisition war das Werkzeug, die Menschen zu ihr zu zwingen. Sie wäre ihrer heiligen Aufgabe unwürdig gewesen, hätte sie nicht die ganze Macht, die ihr gegeben war, für ihre Wahrheit eingesetzt. Wehe dem Inquisitor,

---

14   Anm. des Verlags: Hier ist vermutlich das vierte Buch Moses gemeint.

15   Anm. des Verlags: Abkürzung für „sequentes" (lat. „folgende Seiten").

der einen Ketzer mit einer Unwahrheit in der Seele hätte in die Ewigkeit gehen lassen! Gott hätte ihn vor sein Gericht gefordert am Jüngsten Tag: „Wo ist die Seele des Unglücklichen, die ich dir anvertraut habe, das du sie rettest?" Dem Inquisitor war die heilige Pflicht auferlegt, den Verirrten zur Wahrheit zurückzuführen oder wenigstens die Erde zu reinigen von diesem Aussatz. Der in der Lüge lebte, war ja durch sein bloßes Dasein eine Beleidigung Gottes und der katholischen Kirche – der Wahrheit.

Das kehrt immer wieder. Immer wieder ist eine Gruppe von Menschen im Besitz einer Wahrheit, die sie leitet und zwingt, über ihrem Dienst alles andere hinzugeben, für ihr Heil die Menschen zu gewinnen – und zu töten. Der Jakobinische Konvent hat genau so gehandelt wie die Inquisition, mit dem gleichen guten Gewissen, hat Menschen, die ebenso unschuldig gewesen sind, unter die Guillotine geschickt, Leute, die verdächtig waren, ketzerisch über die neue Wahrheit zu denken („Verdacht der Ketzerei" war eine Erfindung der Inquisition gewesen). Man hat Adelige getötet, weil sie keine Bourgeois gewesen sind noch sein konnten. Das ist die Wahrheit jener Zeit gewesen, und die Revolution von 1789 wird vom Bürgertum des 19. Jahrhunderts als die hohe Errungenschaft angesehen, als die Wahrheit, die endlich die ewigen Menschenrechte verkündet und zur Tat gemacht hat.

Unsere Zeit hat das gleiche Schauspiel in Russland gesehen. Eine Gruppe von Fanatikern, Menschen, die die Wahrheit besitzen, und ihr jedes Opfer zu bringen bereit sind, haben unter der Führung eines neuen Großinquisitors den Staat ohne Klassen und Stände, ihre höchste Wahrheit schaffen wollen, und weil dieser wahrhaftige Staat von Proletariern begründet wird, müssen der Bourgeois und der Geistliche, die sich widersetzen, sterben; derselbe Bourgeois, für dessen Wahrheit damals in Paris die Adeligen unter die Guillotine geschleppt worden sind, derselbe Geistliche, für dessen Wahrheit die Scheiterhaufen gebrannt haben.

Man kann nun die Frage erheben: Was ist mehr, die Idee der Wahrheit oder die wirklichen, die lebendigen Menschen? Diese Frage ist im Prinzip unlösbar, denn aus der Seele der Menschen steigt immer wieder die Wahrheit auf, sie kehrt sich gegen die Menschen, zwingt sie und tötet sie, erlischt – und wird neu geboren. Dass sie sich bei ihrer

Wiedergeburt ein wenig verändert hat, tut nicht viel, es ist ja doch die Wahrheit. Die Menschen und die Ideen, die aus ihnen hervortreten, sind unlösbar ineinander verstrickt und verschlungen. Aber könnte man nicht doch das Eine aus der Geschichte gelernt haben, dass die Menschen bleiben – die Wahrheiten sich wandeln? In den ersten Jahrhunderten war das Evangelium die Wahrheit, für die die Menschen geopfert worden sind, zur Zeit der Inquisition war es die katholische Kirche, in den Religionskriegen des 17. Jahrhunderts haben zwei Wahrheiten, eine katholische und eine protestantische, jede von Gott eingesetzt und heilig, im Blute der Menschen miteinander gerungen; in der Französischen Revolution waren es die bürgerlichen Rechte, in der Zeit des Bolschewismus ist es der kommunistische Staat. Die Menschen lernen nichts, immer wieder werden sie die große Wahrheit anbeten und ihr jedes Blutopfer bringen. Aber wehe, wenn sie einmal zu klug würden, um für die Wahrheit einzustehen und zu kämpfen!

LITERATURNACHWEIS

Die wichtigsten benutzten Bücher und Schriften sind:

H. Ch. Lea, A History of the Inquisition of the Middle Ages, 3 vols. New York 1900.
Derselbe, A History of the Inquisition of Spain, 4 vols. New York 1907.
Ernst Schäfer, Beiträge zur Geschichte des spanischen Protestantismus und der Inquisition im 16. Jahrhundert. 3 Bände, Gütersloh 1902.
Derselbe, Die Vereinigung französischer Protestanten zu Toledo um die Mitte des 16. Jahrhunderts (Zeitschrift f. Kirchengeschichte, 21. Band, 3. Heft).
Derselbe, Die älteste Instruktionen-Sammlung der spanischen Inquisition (Archiv f. Reformationsgeschichte, 2. Jahrg., 1905, S. 1–55, 109–177).
J. A. Llorente, Historia critica de la Inquisición, 4 vols.
Graf von Hoensbroech, Das Papsttum in seiner sozialen und kulturellen Wirksamkeit, 1. Band, 1900.
E. Christ, Héroes españoles de la fe, Madrid o. J.
Ad. Fr. v. Schack, Poesie und Kunst der Araber in Spanien und Sizilien, 2. Bände, 1865.
Dr. Eberhard Zirngiebl, Peter Arbues und die spanische Inquisition, 3. Aufl., München 1872.
Ludwig Pfandl, Spanische Kultur und Sitte des 16. und 17. Jahrhunderts. Kempten 1924.

Franz Helbing
Geschichte der Folter

SEVERUS Verlag Hamburg 2013
432 Seiten, 15,5x 22,0 cm

54,99 € (HC)
ISBN: 978-3-86347-763-9

29,90 € (PB)
ISBN: 978-3-86347-764-6

Franz Helbing beleuchtet in seinem 1910 erschienenen Werk über die Geschichte der Folter eines der dunkelsten Themen der Rechtsgeschichte vom Altertum bis zum Anfang des 20. Jahrhunderts. Die Allgegenwart körperlicher und seelischer Misshandlungen in der Weltgeschichte wird schonungslos von ihm offenbart. Sachkundig, anschaulich und kritisch reflektierend werden Folterpraktiken und ihre kulturellen Zusammenhänge erläutert und mit zahlreichen Abbildungen illustriert.

Franz Helbing war das Pseudonym des jüdischen Publizisten David Haek (eig. David Hatschek). Nach einem naturwissenschaftlichen Studium leitete er zunächst eine Fabrik, um sich schließlich ganz der Literatur zu verschreiben. Neben seinem kultur- und sittengeschichtlichen Werk übersetzte er unter anderem Werke von Charles Darwin, Guy de Maupassant, Henry Morton Stanley und Mark Twain.

Oskar Wächter
Hexenverfolgung in Deutschland
Femgerichte und Hexenprozesse vom 15. bis
zum 18. Jahrhundert

SEVERUS Verlag Hamburg 2014
184 Seiten, 12,0 x 19,0 cm

29,50 € (PB)
ISBN: 978-3-86347-848-3

Grausamkeit und Rechtswillkür zeichnen das Bild einer Kultur des
Aberglaubens und Misstrauens: Anhand von Originalquellen unter-
sucht Oskar Wächter in diesem zeitnahen Werk von 1881, wie der
Hexenverfolgung in Deutschland Hunderttausende zum Opfer fielen
konnten. Neben den Hintergründen der Hexenverfolgung und den
Foltermethoden blickt der Jurist Wächter auf den Ablauf von Hexen-
prozessen und außerdem auf die Funktion von Femgerichten als
Organe des Volksrechts.